AF360454

VOYAGES

DANS L'AMÉRIQUE

SEPTENTRIONALE.

VOYAGES

VOYAGES

DE M. LE MARQUIS

DE CHASTELLUX

DANS L'AMÉRIQUE

SEPTENTRIONALE

Dans les années 1780, 1781 & 1782.

Πολλῶν δ' ἀνθρώπων ἴδεν ἄςεα, καὶ νόον ἔγνω.
Multorumque hominum vidit urbes, & mores cognovit.
ODISSÉE, LIV. I.

TOME SECOND.

A PARIS,

CHEZ PRAULT, IMPRIMEUR DU ROI,
Quai des Auguftins, à l'Immortalité.

1786.

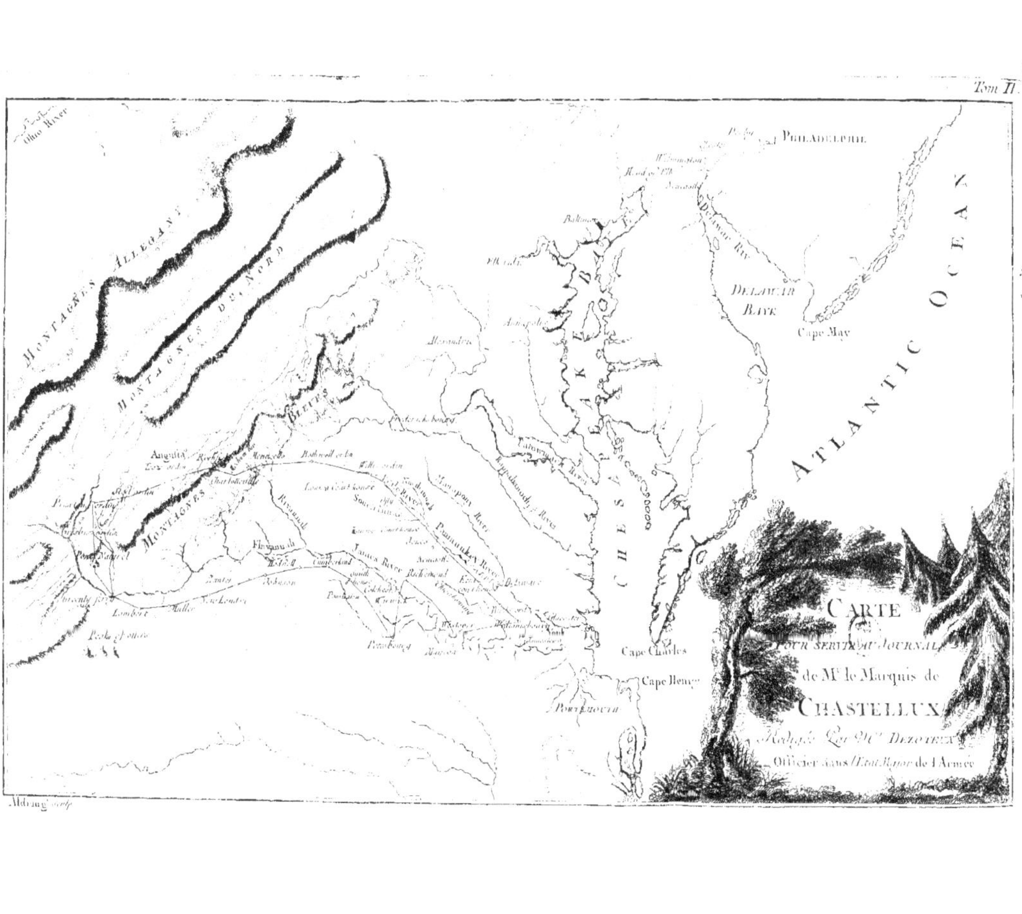

Tom II.
Ohio River
PHILADELPHIE
ALLEGANY
MONTAGNES
MONTAGNES DU NORD
Baltimore
Delawar Riv.
DELAWAR BAYE
ATLANTIC OCEAN
Cape May
Alexandria
Anapolis
BLEUES
Fredericksbourg
Augusta
River
Rappahanock River
Bath coll col la
Charlotteville
Pamunkey River
Mataponi River
CHESAPEAK BAYE
James River
Richmond
Cumberland
Williamsbourg
Cape Charles
Cape Henry
Portsmouth
CARTE
POUR SERVIR AU JOURNAL
de Mr le Marquis de
CHASTELLUX
Rédigée Par Mr Dezoteux
Officier dans l'Etat Major de l'Armée

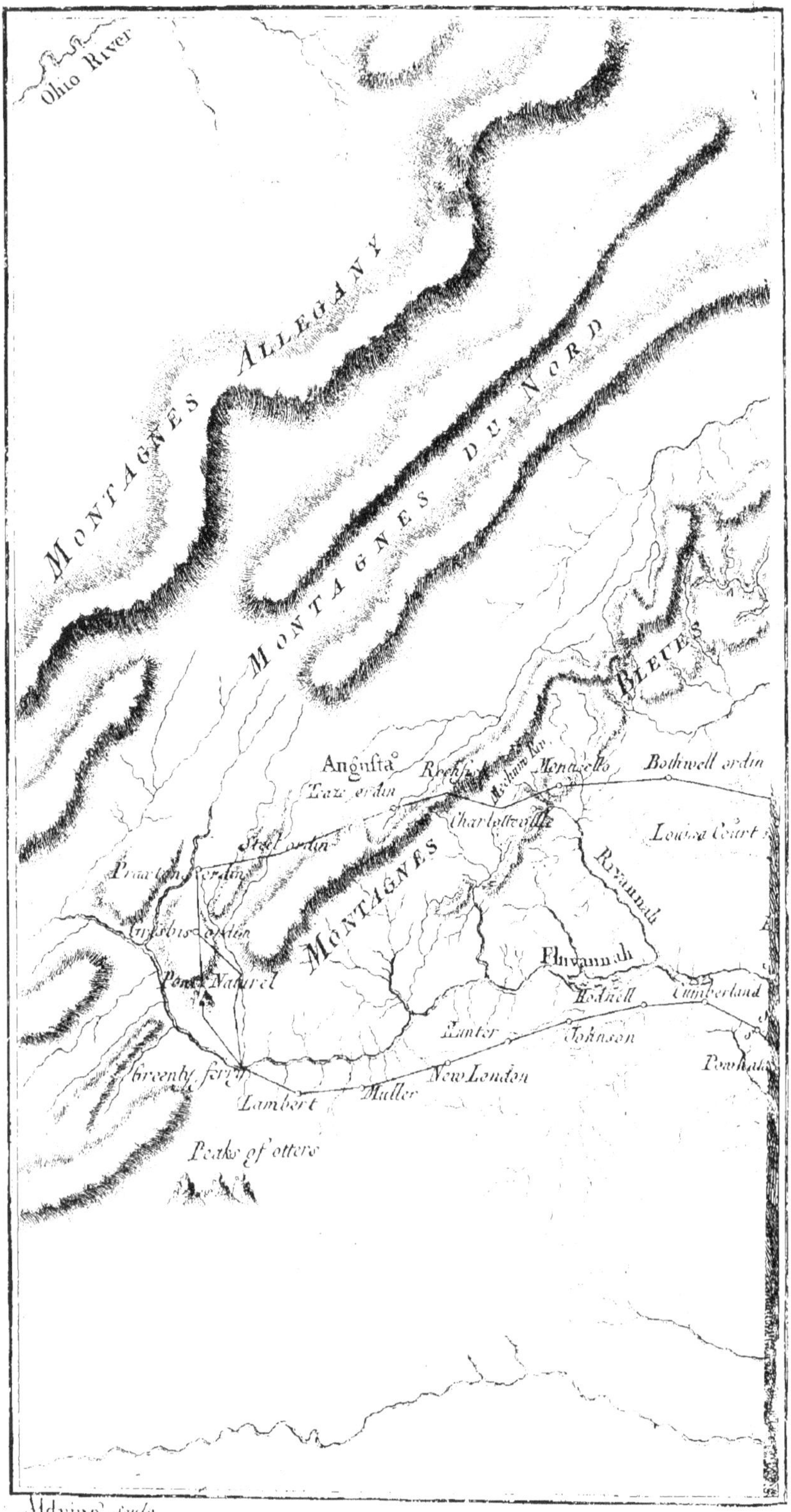

Ohio River
MONTAGNES ALLEGANY
MONTAGNES DU NORD
BLEUES
MONTAGNES
Augusta
Taz ordin
Rockfish
Mechum Riv.
Monticello
Bothwell ordin
Charlottesville
Louisa Court
Steel ordin
Rivanna
Praarten ordin
Griffins ordin
Pont Naturel
Fluvanna
Hodnell
Cumberland
Hunter
Johnson
Greenly ferry
Lambert
Muller
New London
Powhatan
Peaks of otters
Aldring sculp

VOYAGES

DANS L'AMÉRIQUE

SEPTENTRIONALE.

VOYAGE

DANS LA HAUTE VIRGINIE,

Dans les Apalaches & au Pont-Naturel.

Du moment que les troupes françoises furent établies dans les quartiers qu'elles ont occupés en Virginie, je formai le projet de faire un voyage dans la haute partie de cet état. On m'avoit assuré que j'y trouverois des objets dignes d'exciter la curiosité d'un étranger ; &, fidele au principe que je me suis fait dès ma jeunesse, de ne négliger aucune occasion de voir le plus de pays qu'il me seroit possible, j'avois une véritable impatience de me mettre en chemin. Cependant la saison étoit bien peu fa-

Tome II.   A

vorable ; elle rendoit les voyages difficiles & pé-
nibles : & , d'ailleurs , l'expérience m'a appris que
ceux qu'on fait en hiver , n'offrent jamais la plus
grande satisfaction qu'on puisse se procurer , celle
de voir la nature telle qu'elle doit être , & de se
former une idée juste de l'aspect d'un pays : car il
est plus aisé à l'imagination de dépouiller un paysage
des charmes du printems , que d'en revêtir le squé-
lette hideux de l'hiver ; comme il est plus aisé de
deviner ce que sera Madame de S. m. n. à l'âge de
80 ans , que ce qu'a été Madame du D. F. n. à
celui de Madame de S. m. n. D'ailleurs , M. de
Rochambeau s'étant absenté pendant le mois de
Février, & M. le Chevalier de la Luzerne ayant
choisi le mois de Mars pour nous faire une visite,
j'ai été conduit par convenance & par nécessité ,
à attendre le mois d'Avril pour commencer mon
voyage. Je suis donc parti , le 8 Avril , avec
M. Lynch , alors mon aide-de-camp , & maintenant aide-major général; M. Franck-Dillon , mon
second aide-de-camp (1) ; & M. le Chevalier d'Oyré,

____

(1) M. le Baron de Montesquieu étoit retourné en Europe après
le siège d'York. Il ne revint qu'au mois de Septembre suivant.

ingénieur : fix domeftiques montés, & un cheval de main, compofoient notre fuite ; de façon que notre petite caravane confiftoit en quatre maîtres, fix domeftiques & onze chevaux. Je m'étois mis en regle avec le printems, & je lui avois donné tout le tems de venir au-devant de moi. A 37 degrés de latitude, on pourroit l'attendre au mois d'Avril, mais je ne le rencontrai pas dans les bois que je traverfai ; à peine me fut-il poffible d'y démêler quelques épines commençant à verdir. Le foleil n'en étoit pas moins chaud, & je regrettois de retrouver l'été dans le ciel, tandis que le printems ne paroiffoit pas encore fur la terre. Les dix-huit milles de chemin, que je parcourus avant de faire rafraîchir mes chevaux à *Bird's-tavern*, m'étoient fuffifamment connus. C'étoit la même route que j'avois fuivis l'été dernier, en venant à Williamsburg. Les feize que je fis pour completter ma journée & arriver à *New-Kent-Court-Houfe*, ne m'offrirent rien de curieux, & tout ce que j'appris de ma converfation avec M. *Bird*, fut qu'il avoit été pillé par les Anglois, lorfqu'ils pafferent & repafferent devant fa maifon, en marchant à *Wefte-*

ver, pour fuivre M. de la Fayette, & en retournant à Williamsburg, après avoir inutilement
cherché à l'entamer. Ce n'étoit rien de voir les
fruits, les volailles, les beftiaux enlevés par les
troupes légeres qui formoient l'avant-garde, l'armée ramaffer ce que l'avant-garde avoit laiffé, les
Officiers eux-mêmes s'emparer du rum & de tous
les comeftibles, fans jamais payer un denier : cet
orage, qui détruifoit tout fur fon paffage, étoit
fuivi d'un fléau plus terrible encore : une nombreufe canaille, fous le nom de *réfugiés* & de
Loyaliftes, fuivoit l'armée, non pour combattre
avec elle, mais pour partager le pillage. Les meubles, les vêtemens des habitans, étoient ordinairement le feul butin qu'on laiffoit à leur avidité:
après avoir dévafté les maifons, ils dépouilloient
les propriétaires ; & M. Bird fe fouvenoit encore
avec douleur, qu'on lui avoit ôté, de force, les
bottes qu'il avoit à fes jambes. Je ne dois pas ou-
blier qu'avant d'arriver chez lui, j'eus occafion de
me rappeller le premier châtiment que ces brigands
éprouverent. En effet, à fix milles de Williamsburg, j'avois paffé près d'un endroit où les bois

laiſſent un terrein découvert, à la croiſée de deux chemins, dont l'un mene à Williamsburg, & l'autre à *James-town*. C'eſt là que le 25 Juin, M. de la Fayette fit attaquer par ſon avant-garde celle de Lord Cornwalis. *Simcoe*, qui la commandoit, étoit reſté en arrière pour raſſembler des beſtiaux, tandis que Lord Cornwalis campoit à Williamsburg, où il étoit arrivé la veille. La cavalerie de M. de la Fayette ayant pris quelqu'infanterie en croupe, arriva aſſez tôt pour obliger Simcoe à s'arrêter & à combattre. Le reſte de l'infanterie légere des Américains joignit bientôt après. Simcoe combattit avec déſavantage, juſqu'à ce que Lord Cornwalis marchât à ſon ſecours. Alors les Américains ſe retirerent, après avoir tué ou bleſſé près de cent cinquante hommes, & n'en avoir perdu que ſept ou huit. Le Colonel *Buttler*, Officier Américain, qui étoit à la tête d'un bataillon d'infanterie légere, & le Colonel *Valgan*, Officier François, qui en commandoit un autre, ſe diſtinguerent beaucoup dans cette journée.

Le ſouvenir de cet événement, préſage des ſuccès qui ont couronné notre campagne, m'occupa d'autant plus agréablement pendant la foirée, que j'étois établi dans une affez bonne auberge, où l'on nous fervit un excellent fouper, compofé principalement d'efturgeons & d'alofes; deux fortes de poiffons pour le moins auffi bons en Virginie qu'en Europe, mais qui ne fe font voir qu'au printems.

Le lendemain matin j'eus une jouiffance d'un autre genre. Je m'étois levé avec le foleil, & tandis qu'on préparoit le déjeûner, je me promenois autour de la maifon. Les oifeaux fe faifoient entendre de tous côtés; mais mon attention fut fixée par un chant fort agréable, dont les fons paroiffoient venir d'un arbre prochain. Je m'en approchai doucement, & je reconnus que j'en avois l'obligation à un *mocking-bird* qui faluoit le foleil levant. D'abord je craignois de l'effaroucher; mais, tout au contraire, ma préfence lui fit plaifir, & il parut fe réjouir d'avoir un auditeur. Il chanta mieux que jamais, & fon émulation augmenta encore, lorfqu'il vit deux chiens qui me fuivoient, s'approcher de l'arbre fur lequel il étoit perché. Alors il ne ceffa de voltiger d'une branche à l'autre, toujours en chantant: car cet oifeau fingulier, auffi remarquable par fon agi-

lié que par son ramage, s'éleve & s'abaisse conti-
nuellement, de sorte qu'il ne paroît pas moins le
favori de Terpsicore, que celui de Polhymnie.
Assurément on ne peut lui reprocher de fatiguer ses
auditeurs, car rien n'est plus varié que son chant ;
c'est au point qu'il est impossible de l'imiter, &
même d'en donner une idée. Comme il eut lieu
d'être content de mon attention à l'écouter, il ne
me cacha aucun de ses talens ; on eût dit qu'après
m'avoir fait entendre un très joli concert, il vouloit
encore me donner la Comédie. En effet, il se mit à
contrefaire différens oiseaux ; ceux qu'il imita de la
maniere la plus reconnoissable, du moins pour un
étranger, sont le geai, le corbeau, le cardinal & le
vanneau (1). Il sembloit chercher à me retenir auprès de lui ; & lorsqu'après l'avoir écouté près d'un
quart d'heure, je voulus me rapprocher de la maison, il me suivit en volant d'arbre en arbre, toujours
continuant de chanter, tantôt ses propres chansons,

____

(1) Ou plutôt le *painted plover*, le *pluvier coloré*, qui est le
vanneau d'Amérique. Il differe du nôtre par son plumage, mêlé
de gris, de blanc & de jaune doré : il en differe aussi un peu
par son chant ; mais il en a la forme & les mœurs, & c'est absolument la même espèce.

tantôt celles qu'il avoit apprifes en Virginie & dans les voyages ; car cet oifeau eft du nombre de ceux qui changent de climat, quoiqu'on le voye quelquefois pendant l'hiver.

La journée que j'avois à faire devant être plus longue que celle de la veille, je partis de New-Kent-Court-Houfe avant huit heures, & je fis vingt milles pour arriver à *New-Caftle*, où j'avois réfolu de donner une heure ou deux de repos à mes chevaux. Je ne trouvai pas le chemin fi uni que la veille : quelques collines en interrompent la monotonie. De leur fommet, on peut porter fa vue à quelques milles de diftance, & de tems en tems on apperçoit le Pamunkey, qui coule dans une vallée profonde & couverte de bois. En approchant de New-Caftle, le terrein s'éclaircit. Cette petite Capitale d'un petit Comté, contient vingt-cinq ou trente maifons, dont quelques-unes affez jolies. Lorfque mes chevaux furent repofés, & que la chaleur, déja très forte dans le haut du jour, fut un peu tombée, je continuai ma route afin d'arriver avant la nuit à *Hanover-Court-Houfe*, dont j'étois encore à feize milles : le pays que je traverfai eft un des plus rians de la baſſe Virginie. On y voit beaucoup de terres cultivées, & de belles habitations, entr'autres celle de M. *Jones*, qui eſt ſituée près du chemin, à deux milles de New-Caſtle : elle s'annonce bien à l'extérieur ; mais on aſſure qu'elle eſt meublée avec beaucoup de recherches, &, ce qui eſt plus rare en Amérique, qu'elle eſt encore embellie par un jardin dans le genre Anglois. On prétend même que cette eſpece de parc, dont la riviere forme une partie de l'enceinte, ne le cede pas en beauté à ceux dont l'Angleterre nous a fourni le modele, & que nous imitons avec beaucoup de ſuccès (1).

Lorſqu'on eſt à trois milles d'Hanover, on trouve deux chemins ; celui que je devois ſuivre tourne un peu vers le nord, & rapproche du Pamunkei. J'arrivai avant le ſoleil couché, & je deſcendis dans une aſſez belle auberge. Une très grande ſalle & un grand portique couvert, ſont deſtinés à recevoir les perſonnes qui ſe raſſemblent tous les trois mois

____

(1) L'Auteur a eu depuis occaſion de voir ce jardin ; il répond à la deſcription qu'on lui en avoit faite, & il eſt réellement très agréable.

à la *Court-Houfe*, foit pour les affaires civiles, foit pour les affaires publiques. Cet afyle leur eft d'autant plus néceffaire qu'il n'y a point d'autres maifons aux environs. Les Voyageurs profitent de ces établiffemens, indifpenfables dans un pays dont les habitations font difperfées au point qu'elles font fouvent à plus de deux milles les unes des autres. On a eu foin de placer les Court-Houfe au centre du Comté. Comme ces Comtés font en très grand nombre en Virginie, ils n'ont gueres plus de fix ou fept lieues de diametre : ainfi chacun peut retourner chez foi, après avoir fait fes affaires.

Le Comté d'Hanover, comme celui de New-Kent, fe fouvenoit encore du paffage des Anglois. M. *Tilman*, mon hôte, tout en déplorant fon malheur d'avoir logé & nourri Lord Cornwalis & fa fuite, fans que fa Seigneurie eût offert le moindre paiement, ne pouvoit s'empêcher de rire encore de l'épouvante que l'arrivée imprévue de Tarleton avoit répandue parmi un nombre affez confidérable de *Gentlemen* qui étoient venus aux nouvelles, & s'étoient raffemblés à la Court-Houfe. Un Nègre à cheval, vint, à toutes jambes, les avertir que

'Tarleton n'étoit pas à plus de trois milles. Le parti de la retraite fut bientôt pris ; mais l'alarme étoit si chaude, & la confusion si grande, que chacun sauta sur le premier cheval qui se trouva sous sa main, de façon qu'un très petit nombre de ces Curieux s'en retourna sur sa propre monture. Les Anglois venoient alors de Vestover ; ils avoient passé le *Chikahominy* à *Buttom'sbridge*, & ils se dirigeoient vers la *South-Anna*, que M. de la Fayette avoit mise entr'eux & lui.

M. Tilman ayant eu le tems de renouveller ses provisions depuis la retraite de Cornwalis, nous soupâmes assez bien, & nous eûmes la compagnie de M. *Lee*, frere du Colonel *William Lee*, qui a commandé long-tems une légion, & qui s'est souvent distingué, sur-tout en Caroline (1).

____

(1) Lord Cornwalis étant, sans contredit, le Général anglois dont le courage, les talens & l'activité ont causé le plus de pertes aux Américains, il n'est pas étonnant qu'il ne leur ait pas inspiré les mêmes sentimens qu'à ses propres troupes, dont l'attachement & même l'admiration pour son caractere n'avoit pas de bornes. Cependant ils ne l'ont jamais accusé de rapine, ni même d'aucune vue intéressée, & les plaintes de M. Tilman prouvent seulement quelles sont les tristes conséquences d'une guerre, dans le cours de

Nous partîmes le lendemain à neuf heures du matin, après avoir déjeûné beaucoup mieux que nos chevaux ; car ils n'avoient eu que du grain, le pays étant tellement dépourvu de fourage, qu'il nous fut impossible de trouver une botte de foin, ou même de feuilles de maïs, quoique nous en eussions fait chercher à plus de deux milles à la ronde. A trois milles & demi d'Hanover, nous passâmes la South-Anna sur un pont de bois. J'observai que la riviere étoit encaissée, & la nature du pays me donna lieu de croire qu'elle devoit l'être ainsi dans une grande partie de son cours. Il me

---

laquelle les Anglois éprouvoient encore plus la disette au milieu des succès que dans leurs désastres, parce que les premiers les éloignoient de leurs flottes, & que les autres les en rapprochoient. Mais sans doute la plus douloureuse de ces conséquences étoit la nécessité où se trouvoit un homme de la naissance & du caractere de Mylord Cornwalis, de conduire, plutôt que de commander, un grand nombre de traîtres & de brigands, que la politique angloise décoroit du nom de *Loyalistes*. Cette canaille précédoit ses troupes au pillage & se gardoit bien de les suivre au danger. L'incendie, la dévastation, les outrages de toute espece, marquoient son passage. Elle a ravagé, il est vrai, quelque partie de l'Amérique ; mais elle a ruiné l'Angleterre, en inspirant à ses ennemis une haine irréconciliable.

parut donc qu'elle eût été d'une bonne défenfe, fi M. de la Fayette, qui l'avoit paffé plus haut, avoit eu le tems de fe porter au pont, & de le faire couper. Sur la rive gauche de cette riviere, le terrein s'éleve, & on monte une colline affez haute. Le pays eft ftérile, & je voyageai prefque toujours dans les bois, jufqu'à une heure après midi que j'arrivai à *Offly*, chez le Général *Nelfon*, ci-devant Gouverneur de la Virginie. J'avois eu occafion de le connoître pendant l'expédition d'York. Il étoit alors Gouverneur, & dans des tems très difficiles, il s'étoit conduit avec le courage d'un brave Soldat, & le zele d'un bon Citoyen. Lorfque les armées angloifes portoient la défolation dans le fein de fa Patrie, lorfque les nôtres arrivoient inopinément pour la fecourir & la venger, il avoit été obligé d'employer tous les moyens & toutes les reffources poffibles, foit pour aider M. de la Fayette à faire quelque réfiftance, foit pour fournir au Général Washington des chevaux, des voitures & des fubfiftances dont il avoit le befoin le plus preffant. Il ne fera pas à l'honneur de la Virginie, de dire que le feul fruit qu'il ait tiré de tant de travaux, a été la haîne d'une grande partie de ſes Concitoyens ; qu'à la premiere aſſemblée de l'État, qui s'eſt tenue après la campagne, il n'a trouvé parmi eux, ni la ſatisfaction d'être affranchi de la ſervitude, ni l'émulation que les ſuccès ont coutume d'inſpirer : mais à la place de ces ſentimens ſi naturels en pareille circonſtance, un grand mécontentement de ce qu'on avoit ſouvent *preſſé* leurs chevaux, leurs voitures & leurs fourrages (1). Des loix, des formalités qui auroient été anéanties par la conquête de l'État, furent bientôt invoquées contre le défenſeur de l'État ; enfin, le Général Nelſon, malade des fatigues de la campagne, mais encore plus fatigué de ſervir des ingrats, a réſigné la place de Gouverneur, qu'il occupoit depuis ſix mois, après avoir eu toutefois la ſatisfaction de juſtifier ſa conduite, & de voir ſon pays lui pardonner l'injure qu'il lui avoit faite en concourant à le ſauver. Si, au témoignage que je viens de rendre du Général Nelſon, j'ajoute que c'eſt un bon &

______

(1) *Preſſer* des chevaux, des voitures, des hommes même, c'eſt les commander pour un ſervice quelconque, au lieu de les demander de gré à gré. On ſait ce que c'eſt que la *preſſe* des matelots.

galant homme fous tous les rapports poffibles, & qu'il a toujours été parfaitement honnête avec les François, on fera furpris que je l'aie traité comme *Mathurin*, dans la Comédie de Rofe & Colas, c'eft-à-dire, que j'aie été le voir en fon abfence. Il n'étoit pas chez lui ; & je n'en pouvois pas douter, puifque je l'avois rencontré près de Williamsburg, où des affaires publiques le rappelloient encore ; mais la vifite que je m'étois propofé de lui faire, avoit toujours été liée au voyage que j'entreprenois alors. D'ailleurs je voulois voir fa famille, & fur-tout fon jeune frere, M. William Nelfon, que j'avois connu particuliérement à Williamsburg, où il avoit paffé la plus grande partie de l'hiver.

Il s'en faut de beaucoup qu'Offly foit un établiffement qui correfponde à la richeffe du Général Nelfon & à la confidération dont il jouit en Virginie : c'eft une médiocre plantation, où il s'étoit contenté de faire conftruire les édifices néceffaires à l'exploitation des terres & au logement de fon *Overfeer* (1). Son féjour habituel étoit à *York*,

____

(1) C'eft le nom qu'on donne aux Régiffeurs.

mais on croira aifément qu'il avoit été forcé de l'abandonner ; & comme Offly eſt au-delà de la South-anna, & aſſez reculé dans le pays , il avoit penſé que cette maiſon iſolée feroit du moins un aſyle sûr pour ſa famille. Cependant elle n'a pas été à l'abri des viſites du Lord Cornwalis, qui, dans ſes péregrinations en Virginie , s'eſt avancé juſques là, mais ſans y faire de grands dégâts.

En l'abſence du Général, Meſdames Nelſon, ſa mere & ſa femme, me reçurent avec toute l'honnêteté, la ſimplicité & la cordialité qui eſt le partage de cette famille. Mais comme en Amé-rique on ne croit jamais que les femmes ſuffiſent pour faire les honneurs d'une maiſon, cinq ou ſix Nelſons s'étoient raſſemblés pour me recevoir ; entr'autres le Sécrétaire Nelſon, oncle du Général , deux freres de celui-ci & deux fils du Sécrétaire. Ces jeunes gens étoient tous mariés ; pluſieurs avoient leurs femmes avec eux, & celles-ci leurs enfans, tous s'appellant Nelſon , tous diſtingués feulement par leur nom de baptême ; de ſorte que pendant deux jours que je paſſai dans cette maiſon vraiment patriarchale, il me fut impoſſible de

ſavoir

favoir à qui ils appartenoient. Lorſque je dis que je paſſai deux jours dans cette maiſon, on doit l'entendre dans le ſens le plus littéral ; car le tems fut ſi mauvais, qu'il n'y eut pas moyen d'en ſortir. Le logement n'étant ni commode, ni ſpacieux, le parloir, ou le ſalon, raſſembloit la compagnie, ſur-tout les hommes, depuis l'heure du déjeûner juſqu'à celle de ſe coucher ; mais la converſation étoit agréable & bien ſoutenue. Si on vouloit y faire quelque diverſion, on trouvoit ſous ſa main de très bons livres anglois & françois ; & un excellent déjeûner à neuf heures du matin, un grand dîner à deux heures, le thé & le punch dans l'après-midi, & un petit ſouper de fort bonne mine, faiſoient une heureuſe diviſion de la journée, pour ceux dont l'eſtomach pouvoit s'y prêter. Il n'eſt pas inu‑ tile d'obſerver que dans cette occaſion où quinze ou vingt perſonnes, dont quatre étrangers à la fa‑ mille & au pays, ſe trouvoient raſſemblés à la campagne, & contraints par le mauvais tems à reſter dans la maiſon, il ne fut pas ſeulement queſ‑ tion de jouer. Combien de parties de *triƐtrac*, de *whisk*, de *lotto*, auroient été chez nous la conſé‑

quence néceſſaire d'une pluie obſtinée ? Peut-être auſſi quelques amuſemens plus agréables auroient varié la ſcène ; la muſique, le deſſin, la lecture publique, l'ouvrage des femmes, ſont des reſſources inconnues en Amérique ; mais il faut eſpérer qu'elle ne tardera pas à les acquérir. Certainement il ne manquoit que de l'étude à une jeune Miſs Tolliver qui chanta quelques airs, dont les paroles étoient angloiſes, mais la muſique italienne : ſa voix charmante, & l'aimable ſimplicité de ſon chant, lui tenoient lieu de goût, ſi ce n'étoit pas le goût lui-même, le goût naturel, toujours ſûr, lorſqu'il eſt renfermé dans de juſtes limites, & que, timide dans ſa foibleſſe, il ne s'eſt pas encore compromis avec les faux préceptes & les mauvais modeles. Miſs Tolliver avoit accompagné à Offly, Madame William Nelſon ſa ſœur, qui venoit de faire une fauſſe couche, & qui gardoit ſon lit. Elle a été élevée au milieu des bois, par un pere grand chaſſeur de renards ; ainſi elle n'a pu apprendre à chanter, que des oiſeaux du voiſinage, quand les hurlemens des chiens courans lui permettoient de les écouter : elle eſt d'une figure agréable, ainſi que Madame Nelfon, fa fœur, quoique moins jolie qu'une troifieme fœur qui étoit reftée dans la maifon paternelle. Ces jeunes perfonnes venoient fouvent à Williams-burg, lorfqu'il y avoit des bals ; elles y paroiffoient auffi bien mifes que les habitans de la ville , & toujours avec le maintien le plus décent. D'un autre côté , les jeunes gens de l'armée avoient pris beaucoup d'amitié pour M. Tolliver, leur pere , & ils fe donnoient quelquefois la peine d'aller déjeûner & parler de chaffe avec lui : les Demoifelles, qui paroiffoient de tems en tems , ne gâtoient point la converfation. Ces jolies Nymphes, plus timides & plus douces que celles de Diane , ne conduifoient pas la chaffe , mais elles en infpiroient le goût : elles favoient fe défendre des Chaffeurs, mais elles n'ac-cabloient pas de leurs flèches ceux qui ofoient les regarder.

Après cette petite digreffion , pour laquelle on aura fans doute quelqu'indulgence , il eft difficile de trouver une tranfition qui me conduife à parler d'un vieux Magiftrat, dont les cheveux blancs, la taille élevée, & la figure noble , commandent le refpect & la vénération. Le Sécrétaire Nelfon , dont il

s'agit maintenant, doit ce titre à la place qu'il occu‑
poit fous le Gouvernement Anglois. En Virginie, le Sécrétaire chargé de conferver les regiftres de tous les actes publics, étoit Membre néceffaire du Confeil, dont le Gouverneur étoit le chef. M. Nel‑ fon a occupé cette place pendant trente ans. Il a vu l'aurore du beau jour qui commençoit à fe lever fur fon pays ; il a vu fe former les orages qui l'ont troublé ; il n'a cherché ni à les raffembler, ni à les conjurer. Trop avancé en âge pour defirer une ré‑ volution, trop prudent pour l'arrêter fi elle étoit néceffaire, & trop fidele à fes concitoyens pour féparer fes intérêts des leurs, il a choifi pour fe retirer des affaires, l'époque même de leur chan‑ gement. Ainfi, defcendant du théatre lorfque de nouveaux Drames demandoient d'autres Acteurs, il a pris fa place parmi les fpectateurs, content de faire des vœux pour le fuccès de la Piece, & d'ap‑ plaudir à ceux qui joueroient bien leur rôle. Mais dans la derniere campagne, le hafard l'a remis fur la fcène, & lui a donné une fatale célébrité. Il ha‑ bitoit à York, où il s'étoit fait bàtir une très belle maifon : le goût & même le luxe européen n'en

avoient pas été exclus ; on admiroit fur-tout une cheminée & quelques bas-reliefs de très beau marbre très bien travaillés , lorfque la deftinée conduifit Lord Cornwalis dans cette ville pour le défarmer , ainfi que fes troupes , jufques-là victorieufes. Le Secrétaire Nelfon ne crut pas devoir fuir les Anglois , à qui il ne pouvoit être odieux , ni infpirer aucun ombrage. Il fut bien traité par le Général , qui choifit fa maifon pour y établir fon logement ; mais cette maifon , placée fur une hauteur dans la fituation de la ville la plus agréable , étoit auffi placée près des fortifications les plus importantes. C'étoit le premier objet qui frappoit les regards , lorfqu'on approchoit d'York. Bientôt au lieu de l'attention des voyageurs , elle attira celle des bombardiers & des canonniers ; bientôt elle fut prefqu'entiérement détruite. M. Nelfon l'occupoit encore au moment que nos batteries , effayant leurs premiers coups , tuerent un de fes negres à très peu de diftance de lui : Lord Cornwalis lui-même fut obligé de chercher un autre afyle. Mais quel afyle auroit pu convenir à un vieillard que la goutte privoit pour lors de l'ufage de fes jambes ! quel afyle fur-tout auroit pu le défendre contre les angoiffes horribles qu'éprouvoit un pere affiégé par fes propres enfans ; car il en avoit deux dans l'armée américaine ; de forte que chaque boulet qui étoit tiré, pouvoit porter la mort dans fon fein, foit qu'il partît de la ville, foit qu'il vînt de la tranchée. J'ai été témoin de l'anxiété cruelle d'un de ces malheureux jeunes gens, lorfqu'après avoir envoyé un *flag* (1) pour redemander fon pere, il tenoit les yeux fixés fur la porte de la ville par laquelle ce flag devoit fortir, & fembloit attendre fa propre fentence de la réponfe qu'il recevroit. Lord Cornwalis n'eut pas l'inhumanité de fe refufer à une demande fi jufte. Je ne puis me rappeller fans émotion d'avoir vu ce vieillard au moment où il venoit de defcendre chez le Général Washington : il étoit affis, parce que fon attaque de goutte continuoit encore ; & tandis que nous étions debout autour de lui, il nous ra-

___

(1) *Flag*, proprement pavillon, s'entend des pavillons de trève, des bâtimens parlementaires qu'on envoie à la mer ; mais il fignifie en anglois, tout Parlementaire, foit trompette, tambour, ou autres.

contoit avec un visage serein, quel avoit été l'effet de nos batteries, dont sa maison avoit éprouvé les premiers coups.

La tranquillité, qui a succédé à ces tems malheureux, en lui donnant le loisir de compter ses pertes, ne lui en a pas rendu le souvenir plus amer : il vit heureux dans une de ses plantations, où il ne lui faut pas six heures d'avertissement pour rassembler une trentaine de ses enfans ou petits-enfans, neveux ou petits-neveux, qui sont au nombre de soixante-dix, tous habitant la Virginie. Le rapide accroissement de sa propre famille justifie ce qu'il me disoit de celui de la population générale. Les emplois qu'il a occupés toute sa vie l'ont mis à portée d'en avoir des notions exactes. En 1742, les personnes taillables de l'État de Virginie, c'est-à-dire, les mâles blancs au-dessus de l'âge de seize ans, & les mâles & femelles noirs au-dessus du même âge, étoient au nombre de 63,000 ; maintenant ils excedent 160,000.

Après avoir passé deux jours très agréablement au sein de cette famille intéressante, je partis le 12 à dix heures du matin, accompagné du Secré-

taire & de cinq ou six autres Nelson, qui me con-
duisirent jusqu'au pont de *Little-River*, petite
creek, qui se trouvoit sur mon chemin, à-peu-près
à cinq milles d'Offly. Là, je me séparai d'eux ; &
après avoir fait encore onze milles dans les bois
& dans un pays assez sterile, j'arrivai à une heure
après midi, à *Willis's-Ordinary*, c'est-à-dire, à
l'auberge de M. Willis ; car les auberges qui, dans
le reste de l'Amérique, sont désignées par les noms
de Tavernes, ou Maisons publiques, s'appellent en
Virginie, *Ordinary*. Celui-ci consiste dans une petite maison placée au milieu des bois & absolument
isolée ; cependant j'y trouvai beaucoup de monde
rassemblé. Dès que je fus descendu de cheval, je
demandai quelle raison pouvoit attirer tant de
monde dans un lieu si désert, & j'appris que c'é-
toit un combat de coqs. Ce divertissement est fort
à la mode en Virginie, où les mœurs angloises
sont plus reconnoissables que dans tout le reste du
continent. Lorsque les principaux amateurs se pro-
posent de faire combattre leurs champions, ils ont
soin d'en donner avis au public ; & quoiqu'il n'y ait
ni poste, ni messageries établies, cette nouvelle

importante fe répand fi facilement, qu'on voit des Planteurs venir de trente ou quarante milles , quelques-uns avec des coqs, mais tous avec de l'argent pour les paris, qui ne laiffent pas d'être confidérables. Il eft néceffaire d'apporter avec foi quelques provifions ; car l'auberge ne pourroit pas en fournir pour tant de perfonnes de bon appétit. Quant au logement, une grande chambre pour toute l'affemblée & une couverture pour chacun , fuffifent à ces campagnards , qui ne font pas plus délicats pour les commodités de la vie , que dans le choix de leurs amufemens.

Tandis que je faifois repaître mes chevaux, j'eus celui de voir un combat. Les préparatifs durerent très longtems : on arma les coqs de longs éperons d'acier très pointus ; on coupa une partie de leurs plumes, comme fi on vouloit les dépouiller de leurs cuiraffes : enfin ils combattirent, & l'un d'eux refta mort fur le champ de bataille. Les paris étoient affez confidérables ; l'argent des joueurs étoit dépofé entre les mains d'un notable, & je pris plaifir à leur faire obferver qu'il confiftoit en grande partie en monnoie de France. Je ne fais ce qu'il faut le plus admirer, de l'infipidité d'un pareil fpectacle, ou de l'intérêt ftupide qu'on y prend. Cette paffion paroît être innée chez les Anglois; car les Virginiens font encore Anglois à bien des égards. Pendant que les parieurs animoient les coqs au combat, un enfant de quinze ans, qui étoit près de moi, trépignoit de joie, & s'écrioit : *Oh! it is er charming diverfion! C'eft un plaifir bien agréable.*

Il me reftoit encore vingt-fept ou vingt-huit milles à faire pour trouver la feule auberge où je puffe m'arrêter avant d'arriver chez M. *Jefferfon;* car M. de Rochambeau, qui avoit fait le même chemin deux mois avant, m'avoit fort recommandé de ne pas coucher à la taverne de *Louifa-Court-Houfe,* le plus mauvais gîte qu'il eût trouvé en Amérique. Cette taverne eft à feize milles de celle de Willis. Comme il m'avoit fait une peinture très énergique, tant de la maifon, que de l'hôte qui en fait les honneurs, j'eus la curiofité d'en juger par mes propres yeux. Je pris le prétexte de m'informer du chemin, & je vis que le logement des voyageurs n'étoit autre chofe que la chambre même du propriétaire. Cet homme, appellé M. *Johnfon,* est devenu si monstrueusement gros, qu'il ne peut plus sortir de son fauteuil. C'est un homme de bonne humeur, mais de mœurs médiocrement austeres, qui a aimé la bonne chere & toutes sortes de plaisirs; au point qu'à l'âge de cinquante ans, il a tant augmenté son corps & diminué sa fortune, que par deux principes opposés, il est près de voir la fin de l'un & de l'autre : mais tout cela n'affecte en aucune façon sa gaieté. Je le trouvai étendu dans son fauteuil, qui lui sert de lit ; car il lui seroit difficile de se coucher & impossible de se lever : un tabouret supportoit ses grosses jambes, déja ouvertes de tous côtés, prélude de ce qui doit bientôt arriver à son ventre. Un gros jambon & un *Bowl de Grog* lui servoient de compagnie, comme à un homme résolu de mourir au milieu de ses amis. Enfin il me rappelloit ce pays dont parle Rabelais, où les hommes se faisoient relier le ventre avec des cerceaux pour prolonger leur vie ; & sur-tout cet Abbé qui, ayant épuisé toutes les ressources possibles, s'étoit enfin résolu à terminer ses jours par un grand festin, & avoit invité tout le voisinage à *ses crevailles.*

Il étoit déja nuit , lorfque j'arrivai chez le Colonel *Bofwell* : celui-ci eft un grand & gros Écof-
fois , âgé de foixante ans , & établi depuis quarante
ans en Amérique , où il a été Colonel de milice
fous le gouvernement anglois. Quoiqu'il tienne une
efpèce de taverne , il paroiffoit peu préparé à recevoir des étrangers. En effet il étoit déja tard , &
d'ailleurs ce chemin qui ne mène qu'aux montagnes , eft très peu fréquenté. Il étoit donc tranquillement affis près du feu à côté de fa femme , auffi
âgée & prefqu'auffi grande que lui , qu'il appelloit
Honey , ce qui fe rendroit en françois par *mon
petit cœur.* Ces honnêtes gens nous reçurent à merveille ; ils éveillerent & raffemblerent leurs domeftiques. Pendant qu'ils s'empreffoient à nous
fervir , j'entendis fouvent crier : *Rofe , Rofe ;* &
enfin je vis paroître la plus hideufe négreffe que
j'aie vu de ma vie. Notre fouper fut affez frugal.
Le déjeûner du lendemain fut meilleur : nous eûmes du jambon, du beurre & des œufs frais , &
pour boiffon du café au lait ; car le *wiskey* , ou
l'eau-de-vie de grain , que nous avions bu la veille
mêlée avec de l'eau , étoit fort mauvaife : d'ailleurs

nous étions parfaitement accoutumés à l'ufage américain, qui eft d'employer le café comme boiffon
en mangeant de la viande, des légumes & tout
autre aliment.

Je me mis en marche à huit heures du matin,
n'ayant rien appris dans cette maifon qui foit digne
d'être remarqué, fi ce n'eft que M. & Madame
Bofwell, quelque robuftes & bien portans qu'ils
m'aient paru l'un & l'autre, ont eu quatorze enfans, dont aucun n'a atteint l'âge de deux ans.
Nous approchions d'une chaîne de montagnes affez
élevées, qu'on appelle les *South-weft-montains*,
parce qu'elles font les premieres qu'on rencontre
en marchant vers l'oueft & avant d'arriver aux
chaînes de montagnes, connues en France fous le
nom d'*Apalaches*, & en Virginie fous celui de
Blue-ridge, *North-ridge* & *Allegany*. Comme le
pays eft très couvert de bois, on jouit peu de
leur afpect. Je marchai longtems fans voir d'habitation, & affez embarraffé de choifir entre les
différens chemins qui fe croifent de tems en tems ;
mais enfin j'atteignis un voyageur qui m'avoit précédé, & qui me fervit, non feulement à m'indiquer

mon chemin , mais auffi à me le faire trouver moins long : c'étoit un Irlandois affez récemment arrivé en Amérique ; mais qui avoit déja eu le tems d'y faire plufieurs campagnes & d'y recevoir un bon coup de fufil dans la cuiffe. Il me dit qu'on n'avoit jamais pu tirer la balle ; mais il n'en étoit pas moins bien portant & de bonne humeur. Je lui fis raconter fes exploits militaires , & je lui demandai fur-tout quelques détails fur le pays qu'il habite maintenant ; car il m'avoit dit qu'il étoit établi dans la Caroline du nord , à plus de quatre-vingt milles de *Catawbaw* , & à plus de trois cens milles de la mer. Ces nouveaux établiffemens font d'autant plus intéreffans à connoître , qu'éloignés de tout commerce , ils font fondés uniquement fur l'agriculture ; je veux parler de cette agriculture des Patriarches, qui confifte à faire croître des denrées pour la feule confommation du proprié-taire , fans efpérance de les vendre ou de les échan-ger. Il faut donc que ces Colons fe fuffifent à eux-mêmes. On conçoit aifément que les alimens ne leur manquent pas ; mais il faut que leurs propres brebis , que leurs propres champs leur fourniffent des vêtemens ; il faut qu'ils travaillent eux-mêmes leurs laines & leurs chanvres pour en faire du drap & de la toile ; qu'ils préparent leurs cuirs pour en faire des souliers, &c. &c. Quant à la boisson, ils sont obligés de se contenter de lait & d'eau, jusqu'à ce que leurs pommiers soient assez grands pour porter des fruits, ou qu'ils aient pu se procurer des alembics pour distiller leurs grains. On n'imagineroit pas en Europe quel est, dans ces tems difficiles, l'article qui manque le plus aux nouveaux Colons ; ce sont les clous, car la hache & la scie peuvent suppléer à tout le reste. On trouve pourtant le moyen d'élever des barrieres & de construire des toîts sans employer de clous ; mais cela rend l'ouvrage beaucoup plus long, & on sait quel est dans de pareilles circonstances, le prix du tems & du travail. C'étoit une question bien naturelle que de demander à un tel cultivateur quelles affaires pouvoient le conduire à plus de quatre cens milles de chez lui : j'appris qu'il faisoit le seul commerce dont son pays soit susceptible, celui dont les gens les plus aisés cherchent à augmenter leur fortune ; il étoit venu vendre des

chevaux. En effet, ces animaux fe multiplient aifément dans des contrées où les pâturages font
très abondans; & comme on peut les conduire
fans aucune dépenfe en les faifant paître auffi fur
la route, ils forment l'objet d'exportation le plus
commode pour tous les pays éloignés du chemin
& du commerce.

La converfation qui s'étoit établie entre nous
continuant toujours, elle nous conduifit infenfiblement au pied des montagnes. Nous n'eûmes pas
de peine à reconnoître fur un de leurs fommets
la maifon de M. Jefferfon; car on peut dire *qu'elle
brille feule en ces retraites*. C'eft lui qui l'a bâtie
& qui en a choifi le fite; car quoiqu'il poffédât
déja des terres affez confidérables aux environs,
dans un pays fi défert, rien ne l'auroit empêché
de former un établiffement par-tout où il auroit
voulu. Mais la nature devoit à un Sage & à un
homme de goût de lui offrir dans fon propre héri-
tage le local où il pourroit mieux l'étudier & en
jouir. Il a appellé cette maifon *Monticello* (1),
nom très modefte affurément, car elle eft placée

____

(1) En Italien, *monticello*, fignifie petite montagne, monticule.

fur une montagne très élevée, mais qui annonce l'attrait du propriétaire pour la langue qu'on parle en Italie, & fur-tout pour les Beaux Arts dont cette contrée fut le berceau, & dont elle eft encore l'afyle. Déformais je n'avois plus befoin de guide : je me féparai donc de mon Irlandois ; & après avoir monté plus d'une demi-heure par un chemin affez commode, j'arrivai à Monticello. Cette maifon, dont M. Jefferfon a été l'architecte & fouvent l'ouvrier, eft bâtie dans un genre italien & affez élégant, fans être pourtant exempte de défaut ; elle confifte dans un gros pavillon carré, dans lequel on entre par deux portiques, ornés de colonnes. Le rez-de-chauffée eft principalement occupé par un grand falon très élevé, qui fera décoré dans un ftyle abfolument antique ; au-deffus du falon eft une bibliotheque de même forme ; deux petites aîles, qui n'ont qu'un rez-de-chauffée & un attique, accompagnent ce pavillon & doivent communiquer avec des cuifines, offices, &c. qui formeront des deux côtés une efpece de foubaffement furmonté d'une terraffe. Ce n'eft pas pour décrire la maifon que j'entre dans ces détails ; c'eft pour prouver qu'elle ne reſſemble pas à celles qu'on voit dans ce pays-ci ; de ſorte qu'on peut dire que M. Jefferſon eſt le premier Américain qui ait conſulté les Beaux-Arts pour ſavoir comment il ſe mettroit à couvert : mais c'eſt de lui dont je devrois ſeulement m'occuper ; je devrois peindre un homme, qui n'a pas encore quarante ans, dont la taille eſt élevée & la figure douce & agréable, mais dont l'eſprit & les connoiſſances pourroient tenir lieu de tous les agrémens extérieurs ; un Américain qui, ſans être jamais ſorti de ſon pays, eſt Muſicien, Deſſinateur, Géomêtre, Aſtronome, Phiſicien, Juriſconſulte & Homme-d'État ; un Sénateur de l'Amérique, qui a ſiégé deux ans dans ce fameux Congrès, auteur de la révolution, dont on ne parle jamais ici ſans un reſpect, malheureuſement mêlé de trop de regrets ; un Gouverneur de la Virginie, qui a rempli ce pénible emploi pendant les invaſions d'*Arnold*, de *Philips* & de *Cornwalis* ; enfin un Philoſophe retiré du monde & des affaires, parce qu'il n'aime le monde qu'autant qu'il peut ſe flatter d'être utile, & que l'eſprit de ſes concitoyens n'eſt encore en état, ni de supporter la lumiere, ni de souffrir la contradiction. Une femme douce & aimable, de jolis enfans qu'il prend soin d'élever, une maison à embellir, de grandes possessions à améliorer, les sciences & les arts à cultiver ; voilà ce qui reste à M. Jefferson, après avoir joué un rôle distingué sur le théâtre du Nouveau-Monde, & ce qu'il a préféré à la Commission honorable de Ministre-Plénipotentiare en Europe (1). La visite que je lui faisois n'étoit pas inattendue ; il y avoit longtems qu'il m'avoit invité à venir passer quelques jours au sein de sa société, c'est-à-dire, au milieu des montagnes. Cependant je trouvai son abord sérieux & même froid ; mais je n'eus pas passé deux heures avec lui, que je crus y avoir passé toute ma vie : la promenade, la bibliotheque & sur-tout une conversation toujours variée, toujours intéressante, toujours soutenue par cette satisfaction si douce qu'éprouvent deux personnes qui, en se communiquant leurs sentimens & leurs opinions, se trou-

(1) M. Jefferson ayant eu depuis le malheur de perdre sa femme, a enfin cédé aux instances qu'on lui a faites pour l'engager à accepter la place de Ministre-Plénipotentiaire à la Cour de France. Il est maintenant à Paris.

vent toujours d'accord & s'entendent à demi-
mot, me firent paſſer quatre jours comme quatre
minutes. Cette conformité de ſentimens & d'opinions, ſur laquelle j'inſiſte, parce que c'eſt à moi
à m'en applaudir, & qu'il faut bien que l'égoïſme
ſe montre par quelqu'endroit, cette conformité,
dis-je, étoit ſi parfaite, que non ſeulement nos goûts
étoient ſemblables, mais auſſi nos prédilections; ces
prédilections que les eſprits ſecs & méthodiques ri-
diculiſent en les traitant d'enthouſiaſme, & dont les
hommes ſenſibles & animés ſe glorifient en leur
donnant auſſi le nom d'enthouſiaſme. Je me rappelle
avec plaiſir, qu'un ſoir, comme nous étions à cau-
ſer autour d'un *bowl* de *punch*, après que Madame Jefferſon s'étoit retirée, nous vînmes à parler
des poéſies d'*Oſcian*. Ce fut une étincelle d'électri-
cité qui paſſa rapidement de l'un à l'autre : nous
nous rappellions les paſſages de ces ſublimes poéſies qui nous avoient le plus frappés, & nous en
entretenions mes compagnons de voyage, qui heureuſement ſavoient très bien l'anglois & étoient
en état de les apprécier; mais qui ne les avoient
jamais lues. Bientôt on voulut que le livre eut
part à la *toaſt* : on alla le chercher, il fut placé

près du bowl du punch, & l'un & l'autre nous avoient déja conduits affez loin dans la nuit avant que nous nous en fuffions apperçus. D'autres fois la Phyfique, d'autres fois la Politique ou les Arts faifoient le fujet de nos entretiens ; car il n'eft pas d'objets qui aient échappés à M. Jefferfon, & il femble que dès fa jeuneffe il ait placé fon efprit , comme fa maifon, fur un lieu élevé, d'où il pût contempler tout l'univers.

Le feul étranger qui nous vifita pendant notre féjour à Monticello, fut le Colonel *Armand* dont j'ai parlé dans mon premier Journal : on fait qu'il paffa en France l'année derniere avec le Colonel *Laurens* ; il en eft revenu affez tôt pour fe trouver au fiége d'York , où il a marché comme Volontaire à l'attaque des redoutes. L'objet de fon voyage étoit d'acheter en France un habillement & un équipement complet, pour une légion qu'il avoit déja commandée , mais qui avoit été détruite dans les campagnes du fud , & qu'il falloit former de nouveau. Il en a fait l'avance au Congrès , qui s'eft engagé à fournir les hommes & les chevaux. *Char-lotteville* , petite ville naiffante , fituée dans une vallée à deux lieues de Monticello, eſt le quartier qu'on a aſſigné pour l'aſſemblement de cette légion. Le Colonel Armand m'invita à venir dîner chez lui le lendemain : je m'y rendis avec M. Jefferſon, & je trouvai la légion ſous les armes. Elle doit être compoſée de deux cens chevaux & de cent-cinquante hommes d'infanterie. La cavalerie étoit preſque complette & aſſez bien montée : l'infanterie étoit encore très foible ; mais le tout étoit bien habillé, bien armé & avoit très bon air. Je dînai chez le Colonel Armand avec tous les Officiers de ſon régiment & avec ſon loup ; car il s'eſt amuſé à élever un loup, qui a maintenant dix mois, & qui eſt auſſi familier, auſſi doux & auſſi gai qu'un jeune chien : il ne quitte pas ſon maître, & il a même le privilége de partager ſon lit. Je ſouhaite qu'il réponde toujours à une auſſi bonne éducation, & qu'il ne reprenne pas ſon caractere naturel, quand il ſera parvenu à âge de loup. Il n'eſt pas tout-à-fait de la même eſpèce que les nôtres, car ſon poil eſt preſque noir & très liſſe ; de ſorte que ſa tête n'a rien de féroce, & que ſans ſes oreilles droites & ſa queue pendante, on le prendroit aifément pour un chien. Peut-être doit-il aux foins qu'on prend de fa toilette cet avantage fingulier de ne point exhaler une mauvaife odeur ; mais j'ai remarqué que les chiens n'en avoient pas horreur, & que lorfqu'ils rencontroient fa trace, ils n'y faifoient aucune attention. Or il me paroît difficile que toute la propreté poffible trompe l'inftinct de ces animaux, qui ont une telle horreur pour les loups, qu'on en a vu au Jardin du Roi fe hériffer & hurler à la feule odeur de deux metifs, nés d'un chien & d'une louve. Je fuis donc porté à croire que cette particularité appartient à l'efpèce de loups noirs ; car on en voit auffi en Amérique de femblables aux nôtres. Peut-être en avons-nous en Europe de femblables à ceux de l'Amérique ; du moins le pourroit-on conclure de cette façon de parler fi commune : *Il a peur de moi comme du loup gris*, qui donneroit à entendre qu'il y avoit auffi des loups noirs.

Puifque je me trouve conduit à parler des animaux, je placerai ici quelques obfervations que M. Jefferfon m'a mis à portée de faire fur les feules bêtes fauves qui foient communes dans ce pays-ci

j'ai été longtems en doute fi on devoit les appeller
chevreuils, cerfs ou daims; car on leur donne le
premier de ces noms en Canada, le fecond dans
les Provinces de l'eft, & le troifieme dans celles
du midi. D'ailleurs en Amérique, les nomencla-
tures font fi peu exactes, & les obfervations fi
rares, qu'on ne peut obtenir aucune lumiere en
queftionnant les gens du pays. M. Jefferfon s'étant
amufé à élever une vingtaine de ces animaux dans
un parc, ils y font bientôt devenus affez familiers,
comme cela arrive à tous les animaux de l'Amérique, lefquels s'apprivoifent en général beaucoup plus aifément que ceux d'Europe. Il fe plait
à leur donner à manger, & ils viennent prendre
jufques dans fa main des grains de bled de Turquie dont ils font très friands. Je le fuivis un foir,
& je defcendis avec lui dans une profonde vallée
où ils ont coutume de fe raffembler à la fin du jour.
Je les vis marcher, courir, fauter; & plus j'examinai leurs allures, moins je fus en état de les an-
nexer à aucune efpece européenne: ils font abfolument de la même couleur que le chevreuil, &
cette couleur ne varie pas dans les individus, même

lorſqu'ils ſont domeſtiques, ce qui arrive ſouvent aux daims. Leur bois, qui n'ont jamais plus d'un pied & demi de long, ni plus de trois ou quatre cors de chaque côté, ſont plus ouverts & plus palmés que ceux du chevreuil, & ſe dirigent obliquement en avant : leur queue eſt de huit à dix pouces de long; & lorſqu'ils ſautent, ils la portent preſque verticale comme les daims, auxquels ils reſſemblent encore, non ſeulement par leurs proportions, mais par la forme de la tête, qui eſt plus allongée & moins moutonnée que celle du chevreuil. D'ailleurs, ils diffèrent de ceux-ci, en ce qu'ils ne vont pas deux à deux, & qu'ils s'aſſemblent quelquefois en hordes comme les cerfs & les daims. Enfin, d'après mes propres obſervations & tout ce que j'ai pu recueillir à ce ſujet, je ſuis reſté convaincu que cette eſpèce eſt particuliere à l'Amérique, & qu'on peut la conſidérer comme moyenne entre celle du daim & du chevreuil (1).

____

(1) On m'a aſſuré récemment que lorſque ces animaux ſont vieux, leur bois eſt auſſi grand que celui d'un cerf; mais leur chair a certainement le même goût que celle des daims d'Angleterre.

M. Jefferson n'étant pas chaffeur, & n'ayant jamais traverfé les mers, ne pouvoit pas avoir d'opinion arrêtée fur cette partie de l'Hiftoire naturelle ; mais il n'a pas négligé les autres. Je vis avec plaifir qu'il s'étoit appliqué particuliérement aux obfervations météréologiques ; c'eft en effet de toutes les branches de la Phyfique celle qu'il convient le plus aux Américains de cultiver, parce que l'étendue de leur pays & la variété des fites leur donnent fur ce point un grand avantage fur nous, qui, d'ailleurs, en avons tant fur eux. M. Jefferfon a fait avec M. *Madiffon*, Profeffeur de Mathématiques très inftruit, des obfervations correfpondantes fur les vents qui règnent à Williamsburg & à Monticello ; & quoique ces deux endroits ne foient diftans que de cinquante lieues & ne fe trouvent féparés par aucune chaîne de montagnes, la difparité entre les réfultats s'eft trouvée telle, que fur cent-vingt-fept obfervations du vent de nord-eft à Williamsburg, il n'y en a eu que trente-deux à Monticello, où le nord-oueft a prefque toujours compenfé le nord-eft. Il paroît que celui-ci eft un vent de mer, qu'un obftacle léger arrête facilement ; en effet, il y a vingt ans qu'il ne fe faifoit prefque point fentir au-delà de *Weft-pointe*, c'eft-à-dire, du confluent du *Pamunkey* & du *Matapony*, qui fe réuniffent pour former la riviere d'York, à-peu-près à trente-cinq milles de fon embouchure. Depuis que les progrès de la population & de l'agriculture ont confidérablement éclairci les bois, il pénetre jufqu'à *Richmond*, qui eft à trente milles plus loin. Sur quoi on peut remarquer, 1°. que les vents varient infiniment dans leur obliquité & dans la hauteur de leur région ; 2°. que rien n'eft moins indifférent que la maniere dont on procede au défrichement d'un pays, parce que la falubrité de l'air, l'ordre même des faifons, peuvent dépendre de l'accès qu'on accorde aux vents & de la direction qu'on leur donne. C'eft une opinion généralement répandue à Rome, que l'air y eft moins fain, depuis qu'on a abattu une grande forêt qui fe trouvoit entre cette ville & Oftie, & qui la défendoit des vents connus fous le nom de *Scirocco* & de *Libico*. On croit auffi en Caftille, que l'extrême féchereffe dont on fe plaint de plus en plus, doit fon origine au défri-

chement des bois, qui avoient coûtume d'arrêter
& de rompre les nuages. Il est encore une autre
considération très importante sur laquelle j'ai cru
devoir fixer l'attention des Savans de ce pays-ci,
quelque défiance que j'aie de mes propres lumieres en Physique comme sur tout autre objet.
La plus grande partie de la Virginie est un terrein
si plat & tellement entrecoupé de creeks & de
grandes rivieres, qu'il paroît absolument racheté
sur la mer & tout entier de nouvelle création : il
est donc marécageux, & ce n'est qu'en coupant
beaucoup de bois qu'on peut parvenir à le dessé-
cher ; mais d'un autre côté, il ne sera jamais assez
assaini pour ne pas abonder en exhalaisons méphi-
tiques ; & de quelque nature que soient ces exhalaisons, soit qu'elles participent de l'air fixe ou
de l'air inflammable, il est sûr que la végétation
les absorbe également, & que les arbres sont très
propres à remplir cet objet (1). Il paroît donc
également dangereux, & de conserver une grande
quantité de bois, & d'en abattre une grande quan-

---

(1) C'est une découverte qu'on doit à M. Franklin.

tiré ; de forte que la meilleure maniere de procéder aux défrichemens, feroit de les difperfer autant qu'il feroit poffible, & de laiffer toujours fubfifter quelques bouquets de bois entre les différentes plantations. De cette façon le terrein fur lequel on habiteroit feroit toujours affez affaini ; & comme il reftera encore des marais confidérables qu'on ne pourra deffécher, on ne courra pas le rifque d'admettre trop aifément les vents qui en apporteroient les exhalaifons.

Mais je m'apperçois que mon Journal reffemble affez aux converfations que j'avois avec M. Jefferfon. Je paffe d'un objet à l'autre, & je m'oublie en écrivant, comme je m'oubliois en m'entretenant avec lui. Il faut quitter l'ami de la nature, mais non pas la nature elle-même, qui m'attend dans toute fa fplendeur au but de mon voyage ; je veux parler de ce fameux *pont de rocher*, qui réunit deux montagnes, la chofe la plus curieufe que j'aie vu de ma vie, parce que c'eft celle dont il eft plus difficile de rendre raifon. M. Jefferfon auroit bien voulu m'y conduire, quoique cette merveille foit à plus de quatre-vingt milles de chez lui, & qu'il

la connoiſſe parfaitement ; mais ſa femme n'atten-
doit que le moment d'accoucher , & il n'eſt pas
moins bon mari que bon philoſophe & bon citoyen. Il ſe contenta donc de me ſervir de guide
pendant l'eſpace de ſeize milles, juſqu'au paſſage
de la petite riviere de *Mecham.* Là , nous nous
ſéparâmes, & j'oſe me flatter que ce fut avec un
regret mutuel.

Je marchai encore dix-ſept milles, toujours
dans les gorges des *Weſtern-mountains* , avant de
trouver un endroit où je puſſe faire repoſer mes
chevaux. Enfin je m'arrêtai dans une maiſon iſolée,
chez un Irlandois, appellé *Macdonald,* où je trouvai des œufs, du jambon, des poulets & du Whis-
key , & où je fis un très bon diner. Cet Irlandois
étoit honnête & ſerviable, & ſa femme, qui eſt
d'une figure douce & très agréable , n'avoit rien
d'agreſte dans ſon maintien & dans ſes manieres.
C'eſt qu'au milieu des bois & des ſoins ruſtiques,
un Virginien ne reſſemble jamais à un Payſan
d'Europe : c'eſt toujours un homme libre, qui a
part au gouvernement & qui commande à quelques
negres ; de façon qu'il réunit ces deux qualités diſ-

tinctives de citoyen & de maître, en quoi il reffemble parfaitement à la plus grande partie des
individus qui formoient dans les Républiques anciennes ce qu'on appelloit *le peuple*, peuple très
différent du peuple actuel, & qu'on a mal-à-propos
confondu avec celui-ci dans toutes ces déclama-
tions frivoles, dont les Auteurs demi-Philofophes,
comparant toujours les tems anciens avec les tems
modernes, ont pris les peuples pour les hommes en
général, & préconifé les oppreffeurs de l'humanité en croyant défendre la caufe de l'humanité.
Que d'idées auroient befoin d'être rectifiées ! que
de mots dont le fens eft encore vague & indéter-
miné ! La dignité de l'homme a été cent fois al-
léguée, & cette maniere de s'exprimer a toujours
eu beaucoup de faveur. Cependant la dignité de
l'homme eft une chofe comparative ; fi elle eft
prife dans un fens individuel, elle eft d'autant plus
grande qu'un homme confidére des claffes au-deffous de lui : c'eft le Plébéien qui fait celle du
noble, l'efclave qui fait celle de l'homme libre,
le noir celle du blanc : fi elle eft prife dans un fens
général, elle peut encore infpirer aux hommes

des fentimens de tyrannie & de cruauté dans leur rapport avec les animaux ; & détruifant ainfi la bienfaifance générale , aller contre l'ordre & le vœu de la nature. Quel eft le principe fur lequel la raifon , échappée aux Sophiftes & aux Rhéteurs, pourra enfin fe repofer ? L'égalité de droits, l'intérêt général qui commande à tous , l'intérêt particulier lié à l'intérêt commun , l'ordre de la fociété , auffi neceffaire que la fymétrie des ruches à miel, &c. &c. ; fi tout cela ne prête pas beaucoup à l'éloquence , il faudra s'en confoler , & préférer la bonne morale à la belle morale.

J'eus lieu d'être content de celle de M. Macdonald ; il me fervit de fon mieux, ne me fit pas payer trop cher , & me donna tous les renfeignemens dont j'avois befoin pour continuer ma route: mais n'ayant pu partir de chez lui qu'à quatre heures & demie , & ayant encore douze milles à faire pour paffer les *Blue-Ridges*, ou montagnes bleues, je fus heureux de rencontrer en chemin un honnête voyageur, qui me fervit de guide, & avec lequel je liai converfation. C'étoit un habitant du Comté d'*Augufla* , qui avoit fervi en Caroline , comme

fimple

fimple *Rifleman* (1) : cependant il étoit monté fur un bon cheval, & paroiffoit un homme à fon aife. C'eft qu'en Amérique, la Milice eft compofée de tous les citoyens indiftinctement, & que les Officiers font élus par les Miliciens eux-mêmes, fans égard pour les fervices & pour l'expérience. Mon Rifleman s'étoit trouvé au combat de *Cowpens*, où le Général Morgan, avec huit cents hommes de milice, défit entierement le fameux Tarleton, qui étoit alors à la tête de fa légion, d'un Régiment de troupes réglées, & de différens piquets tirés de l'armée, formant à-peu-près douze cents hommes, dont on lui tua, ou prit, plus de huit cents. Cet événement, le plus extraordinaire de toute la guerre, avoit toujours excité ma curiofité. On a généralement admiré la modeftie & la fimplicité du compte que le Général Morgan en a rendu. Mais une cir-

---

(1) Les *Rifle-men* font une milice virginienne, compofée des habitans des montagnes, qui font tous des chaffeurs très adroits & qui fe fervent de carabines rayées. A la fin de la guerre on en faifoit très peu d'ufage, parce qu'on avoit obfervé que l'avantage de la jufteffe dans le tire de leurs armes étoit plus que compenfé par la difficulté de les recharger.

conſtance de cette relation, m'avoit toujours étonné. Morgan avoit mis ſes troupes en bataille dans un bois clair, & il avoit partagé les Rifleman ſur les deux aîles, de maniere qu'ils formoient avec la ligne, une eſpece de tenaille, qui réuniſſoit tous les feux directs & obliques ſur le centre de celle des Anglois. Mais après la premiere décharge, il avoit fait un mouvement ſi dangereux, quand même il auroit commandé les troupes les mieux diſciplinées, que je ne pouvois m'en rendre raiſon. En effet, il ordonna à toute la ligne de faire demi-tour à droite, & après qu'elle eut marché trente ou quarante pas en arriere, il l'arrêta, lui fit faire face & recommencer le feu. Je priai donc ce témoin, dont la dépoſition ne pouvoit pas être ſuſpecte, de me raconter ce qu'il avoit vu, & je trouvai ſon récit parfaitement conforme à la relation de Morgan. Enſuite je lui demandai la raiſon de ce mouvement rétrograde qu'on leur avoit ordonné; il me dit qu'il n'en pouvoit aſſigner aucune. J'inſiſtai, & je m'informai ſi le terrein en arriere de la premiere poſition, n'étoit pas plus élevé & plus avantageux : il m'aſſura qu'il étoit abſolument femblable ; de forte que fi c'eft ce mouvement qui a engagé les Anglois, dont l'attaque n'eft pas vive & confifte ordinairement à faire un grand feu plutôt qu'à joindre l'ennemi, fi c'eft, dis-je, ce mouvement qui les a engagé à rompre leur ordre & à s'avancer inconfidérément dans l'efpece de foyer de coups de fufil qui étoient dirigés fur eux, tant du centre que des aîles, il n'auroit tenu qu'au Général Morgan de s'en faire un mérite, & de fe vanter d'avoir mis en ufage un des ftratagêmes les plus hardis qu'on ait employés à la guerre. Cependant il n'en a jamais parlé, & le récit de ce Rifleman me donneroit lieu de conclure que fon Général, effrayé de la fupériorité des Anglois, avoit d'abord voulu leur céder le terrein peu-à-peu, jufqu'à ce qu'il trouvât un endroit plus fourré & plus avantageux pour une troupe inférieure ; & qu'enfuite, fe voyant preffé, il avoit fenti que le tems lui manquoit, & qu'il n'y avoit d'autre parti à prendre, que de tout rifquer & de combattre où il étoit. Quelque fût le motif de cette manœuvre finguliere, il en réfulta toujours que Tarleton fut défait ; fes troupes lâcherent pied de tous côtés, fans qu'il fût poſſible de les rallier. Comme elles étoient fatiguées d'une très longue marche , elles furent bientôt jointes par les milices américaines , qui , aidées d'une ſoixantaine de chevaux commandés par le Colonel Washington , firent plus de cinq cents priſonniers , & s'emparerent de deux drapeaux & de deux pieces de canon. Il étoit naturel de demander ce que faiſoit la cavalerie de Tarleton pendant & après le combat : pendant le combat, elle avoit cherché à tourner les flancs du Général Morgan, mais elle avoit été tenue en reſpect par quelques Riflemen & par celle des Américains, que le Colonel Washington avoit envoyé ſur les flancs , diviſée en deux pelotons; après le combat, elle s'étoit enfuie à toutes jambes , ſans ſonger à l'infanterie, & ſans prendre aucune précaution pour en couvrir la retraite. Quant au Général anglois, Dieu ſait ce qu'il eſt devenu. .... & c'eſt-là ce Tarleton, qui devoit avec Cornwalis, conſommer la conquête de l'Amérique, qui a reçu avec Cornwalis, les remercimens de la Chambre des Communes , & que toute l'Angleterre admire comme le héros de l'armée & l'honneur de la nation (1). Maintenant, qu'on ré-

____

(1) Le Colonel Tarleton a donné tant de preuves, non ſeule-

fléchisse sur le sort de la guerre, & qu'on se rappelle que deux mois après cette victoire remportée par huit cents Miliciens, sur douze cents hommes de vieilles troupes, le Général Green, après avoir rassemblé près de cinq mille hommes, moitié milice, moitié Continentaux, choisi une excellente position, & employé toutes les ressources de l'art militaire, est battu par dix-huit cents hommes, abandonné de ses Miliciens, & forcé de borner toute sa gloire à faire payer cher aux Anglois, un champ de bataille que le reste de ses troupes défend pied à pied, & ne cede qu'à regret (1).

____

ment de courage, mais d'audace & d'intrépidité, que tous les militaires doivent applaudir aux éloges que sa valeur a reçus. On voudroit seulement qu'il en eût toujours fait un bon usage, & qu'il se fût montré aussi humain, aussi sensible, que brave & déterminé. Le but de ces réflexions est donc de faire voir combien, dans cette guerre, les Anglois ont été obligés d'enfler leurs succes & d'atténuer leur défaite : plus les premiers devenoient rares, plus ils étoient portés à les solemniser. Howe & Burgoyne ont été disgraciés pour n'avoir pas conquis l'Amérique ; d'autres ont été avancés pour y avoir obtenu quelques avantages.

(1) Depuis que ce Journal a été écrit, l'Auteur a eu occasion de voir le Général Morgan ; c'est un homme âgé à-peu-près de 50 ans, d'une haute stature & d'une figure vraiment martiale. Les

Tout en caufant de guerre & de combats, j'arrivai au pied du *Gap*, ou, autrement dit, du Col de *Rock-Fish*, qui eft fur une étendue de plus de 50 milles, le feul paffage pour traverfer les BlueRidges, du moins en voiture. Je montai affez commodément pendant l'efpace de deux milles à-peuprès. Parvenu au haut de la montagne, je fus furpris d'y trouver une cabane nouvellement conftruite & habitée par des blancs. Je demandai à mon compagnon de voyage, ce qui pouvoit les avoir engagés à former un établiffement dans un endroit fi défert & fi aride ; il me dit que c'étoient de pauvres gens,

---

fervices qu'il a rendus pendant la guerre ont été très multipliés; auffi a-t-il fait un chemin très rapide. On a prétendu qu'il avoit été Charretier : c'eft par cette même ignorance des mœurs & du langage, qui a fait dire que tel Général avoit été Fermier, parce qu'avant la guerre il avoit été Cultivateur ; tel autre Boucher, parce qu'il faifoit le commerce des beftiaux. Celui du Général Morgan avoit pour objet le Roullage ; il entreprenoit le tranfport des marchandifes qui fe voituroient par terre, & fouvent il fe mettoit luimême à la tête de ces petits convois. Le Marquis de Ch***, la première fois qu'il eut occafion de le voir, commandoit les troupes de M. le Comte de Rochambeau, ce Général étant allé à Philadelphie pendant la marche qu'elles firent pour fe rendre de Williamfburg à Baltimore. Le Marquis de Ch*** fe trouvoit alors à Col

qui efpéroient tirer quelques fecours des paffans. Je m'attendois à cette réponfe ; mais je fus affligé de voir que dans un pays abfolument neuf, où la terre ne demande que des poffeffeurs, & l'agriculture que des bras, des blancs fuffent obligés de mendier. Je m'arrêtai un moment pour confidérer l'afpect,

---

chefter, où la premiere divifion des troupes venoit d'arriver, après avoir paffé fur des bateaux une riviere qui coule auprès de cette ville. Les équipages & l'artillerie avoient pris une autre route pour gagner un gué affez difficile : le Général Morgan rencontra les équipages dans un moment où ils étoient engagés dans un défilé ; & trouvant que les Charretiers ne s'y prenoient pas bien, il s'arrêta, & leur enfeigna comment ils devoient conduire leurs voitures. Après avoir mis tout en ordre, il vint defcendre chez le Marquis de Ch*** & diner avec lui. La fimplicité de fon maintien & la nobleffe de fes manieres rappelloient affez ces anciens Chefs gaulois ou germains, lorfqu'en paix avec les Romains, ils venoient les vifiter & leur offrir des fecours. Il témoigna beaucoup d'attachement pour la nation françoife, & beaucoup d'admiration pour la beauté de nos troupes ; il ne ceffoit de les regarder, & il répétoit fouvent, qu'il feroit fon bonheur de fervir toute fa vie dans des armées brillantes & nombreufes. On croira aifément que fon hôte lui fit beaucoup de queftions, & particuliérement fur l'affaire de Cowpens. Sa réponfe confirma le récit du Rifleman ; mais il avoua avec candeur que le mouvement qu'il fit en arriere n'avoit point été prémédité : fes troupes avoient été intimidées, lorfque les anglois, avec moins

plus fauvage que piquant, qu'offrent les montagnes de l'oueft, vues du fommet des Blue-Ridges. Mais comme le foleil étoit près de fe coucher, je me hâtai de gagner la feule auberge où je pourrois trouver un gîte, de l'autre côté des montagnes. Je m'arrêtai cependant encore une fois, & je n'eus pas

---

d'ordre que de confiance , s'étoient ébranlées pour les attaquer : voyant qu'elles ne s'étoient point débandées , il les laiffa marcher cent pas en arriere , & leur commanda enfuite de faire halte & face à l'ennemi, comme fi précédemment il leur avoit lui-même commandé le mouvement rétrograde.

Quoique ces notions plus recentes & plus fûres duffent rendre inutiles les réflexions que l'on trouve dans le texte, on a cru qu'il étoit à propos de les conferver, parce que, d'un côté, elles ne laiffent pas d'être intereffantes pour les Militaires, & que de l'autre, elles peuvent apprendre aux Philofophes & aux Critiques à fe défier de ceux qui ont écrit l'Hiftoire ; fur-tout lorfque femblables à Tite-Live, à Denis d'Halicarnaffe, & à tous les Hiftoriens diferts & éloquens, ils fe plaifent à multiplier & à varier les defcriptions de combats, ou ce qui eft bien pis encore, lorfque, comme Frontin, Pollien, & les autres compilateurs, ils puifent dans les Hiftoriens les faits de guerre & les ftratagêmes qu'ils s'efforcent de raffembler.

Le Général Morgan n'avoit pas fervi depuis l'affaire de Cowpens; il habitoit le Comté de Fairfax, & vivoit dans des terres qu'il avoit acquifes ou augmentées, en attendant que l'occafion fe préfentât de lui donner quelque comnandement.

lieu de m'en plaindre. Comme j'étois toujours suivi par un domestique qui portoit un fusil, & qu'il m'arrivoit très souvent de descendre de cheval pour tirer des perdrix ou d'autre gibier, la conversation ne m'empêchoit pas d'avoir les yeux alertes. J'apperçus un gros oiseau qui traversoit le chemin, &, par instinct de chasseur, je devinai que ce devoit être celui que les habitans des montagnes appellent *faisand*, mais qui mérite beaucoup mieux le nom de *gelinotte*. Descendre de cheval, appeller mon chien, prendre mon fusil, fut l'affaire d'un moment ; mais, comme je me disposois à chercher ma gelinotte dans les broussailles, un de mes gens m'en fit remarquer deux autres qui étoient perchées sur un arbre derriere lui, & qui me regardoient tranquillement. Je choisis celle qui étoit le plus à portée, & il ne me fallut pas beaucoup d'adresse pour la tuer. Je la trouvai semblable, quoique peut être un peu plus grosse, à celle que j'avois vues à New-Port, où les Américains en apportoient quelquefois au marché, mais seulement dans l'hiver, tems où elles descendent des montagnes, & où il est plus aisé de les tuer. Celle-ci, avant d'être plumée, étoit grosse comme un chapon ; fon plumage, fur le dos & fur les aîles, étoit femblable à celui des poules faifanes, & fur le ventre & les cuiffes, à celui des groffes grives d'hiver : elle étoit bottée comme les pigeons pattus, & fes plumes defcendoient jufqu'à fes pieds; celles de la tête forment une efpece d'aigrette : en tout, c'eft un bel oifeau & un excellent manger; mais lorfqu'il eft plumé, il n'eft pas pas plus gros qu'une perdrix rouge, ou une bartawelle. Après avoir bien recommandé de me garder ma gelinotte pour mon fouper, je voulus chercher la premiere que j'avois vu courir dans les brouffailles. Je la fis lever une fois, & quoique je couruffe fur le champ à la remife, & que j'euffe un très bon chien, il me fut impoffible de la retrouver, ces oifeaux marchant très vîte, comme les faifands & les râles. La maniere dont les habitans des montagnes s'y prennent pour les tuer, eft de fe promener dans les bois, au lever ou au coucher du foleil, & de prêter l'oreille pour entendre le bruit qu'elles font en fe battant les flancs avec leurs aîles : ce bruit eft tel qu'il fe fait entendre à plus d'un mille ; on approche tout doucement, & on les trouve pofées fur de vieux troncs d'arbres renverfés. Je fus peut-être heureux que ma chaffe n'eût pas continué avec plus de fuccès ; car il étoit prefque nuit, quand j'arrivai au gué de *South-River*, & les eaux augmentées récemment par les pluies, ne laiffoient pas que d'être affez hautes. Je me trouvai glorieux de traverfer à gué ce fameux *Patowmack*, que j'avois été une heure à paffer au *Ferry d'Alexandrie*. South River n'eft en effet qu'une branche du Patowmack, qui prend fa fource dans les montagnes, & qui commence fon cours humblement, ainfi que les autres fleuves, mais qu'on peut regarder comme le plus faftueux de tous les parvenus, puifqu'au bout de trente lieues, il a plus d'un mille de large, & reffemble plutôt à un bras de mer qu'à un fleuve.

A deux cens pas du gué, mais à plus de quarante milles du lieu dont j'étois parti, je trouvai l'auberge que M. Jefferfon m'avoit indiquée ; c'eft un des plus mauvais gîtes de toute l'Amérique. Madame *Teaze*, maîtreffe de la maifon, étoit, depuis quelques tems, veuve de fon mari, & je crois qu'elle l'étoit auffi de tous fes meubles, car je n'ai jamais vu de maifon plus mal fournie. Un mauvais vafe d'étain

étoit le feul bowl qui fervit pour la famille, pour
nos domeſtiques & pour nous : je n'oſe dire pour
quel uſage on nous le propoſa encore, lorſque nous
allâmes nous coucher. Comme nous étions quatre
maitres, ſans compter le Rifleman, qui nous avoit
ſuivi, & que j'avois engagé à ſouper, il fallut que
l'hôteſſe & ſa famille nous cédaſſent leur lit. Au
moment où nous nous diſpoſions à en profiter, un
grand jeune homme entra dans la chambre où nous
étions raſſemblés, ouvrit une armoire, & en tira
une petite bouteille. Je lui demandai ce que c'étoit:
— c'eſt, dit-il, une drogue que le Docteur du voiſinage m'a ordonné de prendre tous les jours. — Et
pour quelle maladie, ajoutai-je ? — Oh ! pas grand
choſe, me répondit-il, *a little itch only*, *ſeulement
un peu de gale*. Je trouvai cet aveu très ingénu;
mais je me félicitai d'avoir des draps dans mon
porte-manteau.

On croira aiſément que je ne fus pas tenté de
déjeûner dans cette maiſon. Je partis donc de bonne
heure, le 18, dans l'eſpérance qu'on me donna,
de trouver une auberge à dix milles de là : mais
cette eſpérance fut trompée. M. *Smith*, Planteur

affez pauvre, auquel on m'avoit adreffé, n'avoit ni fourrage pour nos chevaux, ni vivres pour nous. Seulement il nous affura qu'à huit milles plus loin, nous trouverions un moulin, dont le propriétaire étoit auffi aubergifte. Nous trouvâmes, en effet, & le moulin, & le Meunier. Celui-ci étoit un jeune homme de vingt-deux ans, d'une figure charmante, dont les belles dents, les levres vermeilles & les joues fleuries rappelloient le riant portrait que M. Marmontel a fait de Lubin. Cependant fa démarche & fon maintien ne répondoient pas à la fraîcheur de fes traits, il paroiffoit lent & inactif: je lui en demandai la raifon; il me répondit qu'il étoit toujours languiffant depuis la bataille de *Guilfort*, où il avoit reçu quinze ou feize coups de fabre. Il n'avoit pas, comme les Romains, de couronne pour attefter fa valeur; il n'avoit pas non plus, comme les François, de brévets de penfion ni d'honneurs; mais à la place, un morceau de fon crâne, que fa femme alla chercher, & qu'il me fit voir. Certainement je ne m'attendois pas à trouver, au milieu de ces folitudes de l'Amérique, les déplorables traces du fer européen: mais ce qui me toucha le plus , fut d'apprendre que c'eſt après avoir reçu une premiere bleſſure , & s'être rendu priſonnier , qu'il avoit été ſi cruellement écharpé. Ce malheureux jeune homme me racontoit qu'accablé de coups & inondé de ſang, il avoit encore eu la préſence d'eſprit de penſer que ſes cruels ennemis ne voudroient pas laiſſer ſubſiſter un témoin ou une victime de leur barbarie , & qu'il ne lui reſtoit d'autre moyen de ſauver ſa vie , que de paroître l'avoir perdue..... Il faudroit avoir les yeux de la juſtice divine , pour démêler & reconnoître les auteurs d'un pareil crime ; il faudroit avoir la voix de *Stentor* , il faudroit avoir toutes les trompettes de la renommée , pour les dévouer à l'horreur des tems préſens & à venir ; & pour annoncer aux Souverains, au Généraux & à tous les chefs , que les atrocités qu'ils tolerent ou qu'ils laiſſent impunies , s'accumuleront un jour ſur leurs têtes , & les rendront l'exécration d'une poſtérité plus ſenſible & plus éclairée que nous ne le ſommes encore,

Quand M. *Steel*, c'eſt le nom de mon hôte, auroit été plus actif ; quand ſa femme, qui étoit jeune & jolie , auroit été plus induſtrieuſe , ils n'auroient pu fuppléer l'un & l'autre à la difette totale où ils fe trouvoient pour lors, de pain & de toute efpece de boiffon : le pain venoit d'être pêtri & n'étoit pas encore au four ; pour les liqueurs, elles n'étoient point en ufage dans la maifon, & le même ruiffeau, qui faifoit tourner le moulin, fervoit à défaltérer le jeune ménage, de forte qu'on pouvoit appliquer à Madame Steel, ces vers du Guarini :

> Quel fonte ond' ella beve,
> Quel folo anzo la bagna, e la configlia.

Mais ces mœurs paftorales conviennent peu à des voyageurs. Cependant quelques gâteaux de farine cuits fur les cendres, d'excellent beurre, du bon lait, & fur-tout l'intérêt que M. Steel nous infpiroit, nous firent paffer agréablement le tems néceffaire pour mettre nos chevaux en état d'achever une longue & pénible journée. Vers cinq heures du foir, & après avoir fait trente-huit milles de chemin, nous trouvâmes quelques maifons où nous apprîmes que nous étions encore à fix milles de *Praxton's - Tavern*, où nous devions coucher ; que nous avions deux gués à paffer , dont le

dernier étoit devenu impraticable à caufe des
pluies ; mais que nous ne ferions pas arrêtés,
parce que nous trouverions un canot qui nous
pafferoit de l'autre côté, tandis que nos chevaux
fuivroient à la nâge. La nuit & un gros orage,
qui approchoient à pas égal, nous firent hâter le
nôtre. Cependant, comme nous fûmes obligés de
monter & de defcendre une montagne très élevée,
à peine reftoit-il un peu de crépufcule lorfque nous
arrivâmes à la feconde rivière, qui n'eft rien moins
que celle de *James*, mais près de fa fource, &
à l'endroit où elle coule des montagnes, fous le
nom de *Fluvanna*. L'embarras étoit de faire paffer
dix hommes & dix chevaux avec le feul fecours
d'une pirogue de fauvages, qui pouvoit tenir au plus
quatre ou cinq perfonnes, & d'un feul nègre armé
d'une pagaye en guife de rame. On mit dans le
bateau nos felles & nos équipages ; on fit plufieurs
voyages, & à chaque fois, on menoit par la bride
deux chevaux qui fuivoient à la nâge. Il étoit nuit
clofe & nuit très obfcure, lorfque ce manège fut
fini : mais après qu'on eut, non fans peine, reffellé
& rechargé nos chevaux, l'embarras fut de gagner

l'auberge

l'auberge qui étoit encore à un demi mille de là.
En effet, la riviere coule entre deux efpeces de
précipices, & comme le bateau n'avoit pu aborder
au même endroit où fe trouve le gué, & par con-
féquent le chemin, il falloit gravir la montagne par
un fentier très peu pratiqué & très difficile même
en plein jour. Nous ne nous en ferions jamais tirés,
fi je n'avois engagé notre batelier à nous conduire.
Nous montâmes donc de notre mieux, chacun conduifant fon cheval par la bride au milieu des arbres,
dont l'obfcurité ne nous permettoit pas de voir les
branches, lors même qu'elles nous frappoient le
vifage. Enfin nous arrivâmes à Praxton's-Tavern :
il étoit dix heures du foir, & la maifon étoit fermée ;
je devrois dire les maifons, car il y en avoit deux.
J'approchai de celle qui s'offrit la premiere, & je
frappai à la porte ; on m'ouvrit, & je vis cinq ou
fix petits nègres couchés fur une natte, devant un
grand feu. Je me fis ouvrir l'autre maifon, où je
trouvai cinq ou fix enfans blancs, couchés pareillement fur une natte, devant un grand feu ; deux
ou trois nègres adultes, préfidoient à ces deux
compagnies. Ils me dirent que M. Praxton, fa

Tome II.   E

femme & toute fa famille, avoient été invités à une nôce, mais qu'ils n'étoient pas loin, & qu'ils alloient les chercher. Moi qui étois invité à fouper par une faim très naturelle après une longue marche & beaucoup de fatigue, je me trouvois dans une pofition bien différente des mariés & de leurs convives. J'étois fur-tout glacé par la crainte de voir revenir nos hôtes complettement ivres. Je me trompai; ils arriverent avec toute leur raifon ; ils furent honnêtes & empreffés, & à près de minuit, nous eûmes un excellent fouper. Quoique le logement & les lits ne fuffent pas tels que nous les aurions defirés, ils étoient meilleurs que chez Madame Teaze, & nous n'avions pas droit d'être difficiles. D'ailleurs nous goûtions la fatisfaction d'avoir atteint le but de notre voyage ; le *Pont-Naturel* n'étoit pas à plus de huit milles, & nous avions pris toutes les informations néceffaires pour en trouver le chemin.

Le lendemain matin, le déjeuné fut prêt de bonne heure & fervi par les filles du Capitaine Praxton. Dans la foirée précédente, elles n'avoient pas paru abfolument à leur avantage ;

cependant autant que l'obſcurité de la chambre où nous ſoupions, notre appetit & les immenſes bonnets, dont elles s'étoient affublées pour la noce, nous avoient permis d'en juger, nous les avions trouvées aſſez bien ; mais lorſqu'à la lumiere du jour nous les vîmes avec leurs cheveux retrouſſés pour toute coëffure, le repos de la nuit pour toute parure, & pour toute grace leur ſimplicité naturelle, nous nous confirmâmes dans l'opinion que nous avions déjà priſe du peuple des montagnes, qui eſt en général plus beau & plus ſain que celui des bords de la mer. Il y avoit dans la maiſon un jeune homme aſſez bien mis & d'une figure agréable : je crus que c'étoit un parti qui ſe propoſoit pour l'une de nos hôteſſes ; mais j'appris qu'il étoit venu pour des mariages de toute autre eſpece. En effet, mes compagnons de voyage m'ayant invité à venir voir un parfaitement beau cheval, qui étoit ſeul dans une petite écurie, j'appris que c'étoit un étalon que ce jeune homme avoit amené de plus de quatre-vingt milles de là pour vendre ſes faveurs aux jumens du Pays. Il faiſoit payer vingt shellings, ou dix-huit livres de notre monnoie , pour chaque vifite , & le double pour une fociété plus fuivie ; ce qui eft beaucoup moins qu'on ne paye dans le refte de la Virginie. Ces détails , qui peuvent paroître minutieux , ferviront pourtant à faire connoître un Pays , où les hommes , difperfés dans les bois , ne font ifolés que par l'aifance domeftique qui les rend indépendans les uns des autres , & fe correfpondent toujours lorfque les befoins mutuels & l'intérèt général le demandent. Mais je fuis trop près du Pont-Naturel pour m'arrèter à d'autres objets.

Je m'étois mis en marche à neuf heures du matin , & pour dire vrai , un peu à l'aventure ; car dans ces montagnes , où il y a trop ou trop peu de chemins , on croit toujours avoir donné aux voyageurs des indications fuffifantes , & ils ne manquent gueres de s'égarer. C'eft le défaut ordinaire de ceux qui enfeignent ce qu'il favent trop bien ; & les chemins des fciences ne font pas exempts de cet inconvénient. Heureufement qu'après avoir marché à peine l'efpace de deux milles , je rencontrai un homme qui venoit de faire ferrer fon cheval à une forge voifine , & qui s'en retournoit

chez lui fuivi de cinq ou fix chiens courans. La
converfation s'établit entre nous, & ce qui arrive
rarement en Amérique, il fut curieux de favoir
qui j'étois & où j'allois. Ma qualité d'Officier-
Général François, ma curiofité pour les merveilles de fon pays lui infpirerent de l'intérêt pour
moi : il s'offrit de me conduire, & il me mena
tantôt par de petits fentiers, tantôt à travers les
bois, toujours grimpant, defcendant les montagnes ; de forte que fans guide il m'eût fallu être
forcier pour trouver le chemin. Enfin au bout
de deux heures nous defcendîmes une côte efcarpée & nous en montâmes une autre ; pendant ce
tems-là il cherchoit à engager de plus en plus la
converfation. Enfin, il pouffa fon cheval plus
vîte, & puis s'arrètant tout court, il me dit : »vous
» voulez voir le *Pont-Naturel*, n'eft-il pas vrai ?
» Eh bien ! vous êtes maintenant deffus ; def-
» cendez de cheval, marchez vingt pas fur la
» droite ou fur la gauche & vous verrez ce pro-
» dige » ! Je m'étois bien apperçu qu'il y avoit
des deux côtés une profondeur affez confidérable ;
mais les arbres m'avoient empêché d'en juger ou

d'y faire attention. En approchant du précipice, je vis d'abord deux grandes maſſes ou chaînes de rochers qui formoient le revêtement d'un ravin, ou plutôt d'un abîme immenſe ; mais en me plaçant, non ſans précaution, ſur l'ourlet même de l'eſcarpement, je vis que ces deux parois ſe réuniſſoient ſous mes pieds en formant une voute dont je ne pouvois encore connoître que la hauteur. Après avoir joui de ce ſpectacle magnifique, mais effrayant, au point que pluſieurs perſonnes ont peine à le ſoutenir ; je me portai du côté de l'oueſt dont l'aſpect n'eſt pas moins impoſant : il eſt même plus pittoreſque. Cette Thébaïde, ces pins antiques, ces maſſes de rochers, d'autant plus étonnantes qu'elles ſemblent avoir une ſauvage ſymétrie & concourir groſſierement à un but, tout cet appareil de la nature brute & informe, qui eſſaye les moyens de l'art, aſſiégent à la fois les ſens & la penſée, & excitent une ténébreuſe & mélancolique admiration. Mais c'eſt au pied des rochers, au bord d'un petit ruiſſeau qui coule ſous cette arche immenſe qu'il faut juger de ſon étonnante ſtructure ; on y reconnoît les contre-forts, les arriere-voussures & les profils que l'architecture auroit pu lui donner. L'arche n'est pas complette, la portion orientale de l'arc n'étant pas aussi grande que l'occidentale, parce que de ce côté la montagne est plus élevée que celle qui lui est opposée. Une chose extraordinaire, c'est qu'on ne voit dans la partie inférieure du ruisseau aucun débri considérable, aucune trace du déchirement qui a dû détruire le noyau du rocher pour n'en laisser subsister que la partie supérieure ; car c'est là la seule hypothese qui puisse rendre raison d'un tel prodige. Nul recours possible à celle d'un Volcan ou d'une alluvion ; nulle trace d'un embrâsement subit, ou du travail lent & pénible des eaux. Le rocher est de nature calcaire & ses couches sont paralleles à l'horison, circonstance qui exclut encore l'idée d'un tremblement de terre ou d'une crevasse souterraine. Enfin ce n'est point à un petit nombre de voyageurs à décider l'opinion publique sur cette merveille de la nature ; c'est aux savans des deux mondes à qui il appartient d'en juger, & ils seront à portée de le faire. On a pris les mesures nécessaires pour lui donner toute la publicité qu'elle mérite. Un Officier du Génie, M. le Baron de Turpin, très bon mathématicien & très bon deffinateur, eft allé prendre les principales dimenfions & les principaux afpects. Son travail fuppléera à la defcription imparfaite que j'en pourrois donner (1).

Connoiffons donc nos propres forces fi nous ne connoiffons pas celles de la nature ; laiffons à des mains plus habiles le foin de faire ce tableau, dont nous n'avons donné qu'une foible efquiffe, & continuons de rendre compte de notre voyage, dont l'objet eft déjà rempli, mais qui n'eft pas encore prêt d'être terminé, puifque le *Pont-Naturel* eft à plus de deux cents cinquante milles de Williamsburg. Pendant que je l'examinois de tous côtés & que j'effayois d'en deffiner quelques points de vues, mes compagnons de voyage avoient appris que leur conducteur & le mien étoit un aubergifte dont la maifon ne fe trouvoit pas éloignée de plus de fept à huit milles de l'endroit où nous étions, & de plus de deux milles du chemin que nous devions prendre le lendemain pour fortir des montagnes. M. *Grifby*, (c'eft le nom

____

(1) *Voyez* à la fin du Journal la defcription & les plans.

de notre guide,) avoit témoigné quelque defir
de nous recevoir chez lui, & il affuroit que nous
y ferions auffi bien que dans l'auberge qu'on nous
avoit indiqué chez M. Praxton. Quand même je
n'en aurois pas été perfuadé, j'avois trop d'obligation à M. Grisby pour ne pas lui donner la
préférence. Je recommençai donc à traverfer les
bois fous fa conduite ; ces bois étoient très élevés.
Des chênes forts & robuftes, des pins démefurés
qui fuffiroient aux flottes de toutes les nations
de l'Europe, y vieilliffent & y meurent fur leur fol
natal, fans que la main de l'induftrie puiffe jamais
les en tirer. On eft furpris de trouver dans ces
forêts inhabitées les traces de plufieurs incendies.
Ces accidens font quelquefois caufés par l'impru-
dence des voyageurs qui allument du feu tandis
qu'ils prennent quelque repos, & négligent après
cela de l'éteindre. On n'y fait pas grande attention quand les bois feuls en font la victime ; mais
ces bois font toujours cultivés dans quelques parties. Le feu gagne fouvent les barrieres dont les
champs font entourés & quelquefois les maifons
mêmes, ce qui caufe la ruine des cultivateurs.

Je me fouviens que tandis que j'étois à Mon‑
ticello, d'où l'on peut découvrir trente ou qua‑
rante lieues de bois, je vis plufieurs incendies à
trois ou quatre lieues les uns des autres ; ils conti‑
nuerent jufqu'à ce qu'une grande pluie qui fur‑
vint heureufement réufsît enfin à les éteindre.

J'arrivai chez M. Grisby un peu avant cinq
heures, n'ayant fait d'autre rencontre dans mon
chemin que celle d'un dindon fauvage, qui fe
leva d'affez loin & qu'il me fut impoffible de re‑
trouver. La maifon n'étoit pas grande, mais propre
& commode. Nous la trouvâmes déjà occupée par
des voyageurs, auxquels nous devions affurément
toute forte de refpect, fi la prééminence entre
les voyageurs fe mefure fur le chemin qu'ils ont
à faire. C'étoit un jeune homme de vingt-huit ans,
bien portant & de bonne humeur : il étoit parti
de Philadelphie avec une jolie femme âgée de vingt
ans, & un petit enfant au maillot, pour aller
s'établir à cinq cens milles au-delà des montagnes,
dans un pays nouvellement habité & voifin de
l'*Ohio*, qu'on appelle le Comté de *Kentucket.*
Tout fon équipage confiftoit en un cheval qui

portoit fa femme & fon enfant. Nous reftâmes ftupéfaits de la maniere dégagée dont il procédoit à fon expédition, & nous nous permîmes de lui en témoigner notre furprife. Il nous dit que les bonnes terres étoient trop difficiles à acquérir en Penfylvanie ; que les denrées y étoient trop cheres & les hommes trop nombreux ; qu'en conféquence il avoit jugé à propos d'acheter, pour à-peu près cinquante louis, une conceffion de mille arpens de terre dans le Kentucket ; cette conceffion avoit été faite autrefois à un Colonel de milice, lorf-que le Roi d'Angleterre jugea à propos d'ordon-ner la diftribution de ces terreins immenfes, dont une partie fut vendue & l'autre réfervée pour les récompenfes des troupes Américaines qui avoient fervi en Canada. Mais, lui répondis-je, où font les beftiaux, les inftrumens aratoires avec lefquels vous comptez commencer vos défriche-mens ? Dans le pays même, me dit-il : je ne porte rien avec moi ; mais j'ai de l'argent dans ma poche, & rien ne me manquera. Je com-mençois à me rendre raifon de la réfolution de ce jeune homme, actif, vigoureux & fans fouci ;

mais cette jolie femme, âgée de vingt ans feulement, je la croyois au défefpoir du facrifice qu'elle
venoit de faire. Je cherchois à épier dans fes
traits, dans fa contenance, les fentimens fecrets
dont fon ame étoit occupée. Quoiqu'elle fe fût
retirée dans une petite chambre pour nous faire
place, elle venoit plufieurs fois dans celle où nous
étions : je vis, non fans étonnement, que les
agrémens naturels étoient encore embellis par la
férénité de fon ame ; elle careffoit fouvent fon
enfant & fon mari, & paroiffoit fort difpofée
à remplir ce premier vœu de toute Colonie naiffante, l'accroiffement de la population.

Tandis qu'on préparoit le fouper, qu'on parloit de voyages, & qu'on cherchoit fur la carte
le chemin que nos émigrans devoient fuivre, je
réfléchis qu'il reftoit encore une heure de jour ; que
c'étoit pofitivement celle où j'avois vu les gelinottes,
& qu'on m'avoit affuré qu'il y en avoit dans le voifinage. Je crus qu'il falloit profiter de l'heure du
chaffeur, comme de celle du berger. Je pris donc
mon fufil, & j'allai me promener dans les bois :
à la place de gelinottes, je ne trouvai qu'un

lapin que je bleſſai ; mais qui ſe laiſſa couler dans un fond où je le perdis de vue. Heureuſement pour moi que les chiens courans de M. Grisby, accoururent au coup de fuſil, & me trouverent mon lapin, qui avoit gagné le creux d'un arbre, au haut duquel il auroit monté, s'il n'avoit pas eu une jambe caſſée ; car les lapins d'Amérique different de ceux de l'Europe, en ce qu'ils ne font pas de terrier, & ſe réfugient dans le creux des arbres où ils montent comme des chats, & ſouvent à une hauteur conſidérable. Content de ma victoire, je revins à la maiſon ; mais je m'arrêtai quelque tems à entendre, au coucher du ſoleil, deux *thrush*, ou grives rouſſes, qui ſembloient s'être défiées au chant, comme les bergers de Théocrite. Cet oiſeau doit, à mon avis, être conſidéré comme le roſſignol de l'Amérique. Il reſſemble au nôtre par la forme, par la couleur & par les habitudes ; mais il eſt du double plus gros : ſon chant eſt ſemblable à celui de la grive, mais tellement varié & perfectionné, que, ſi l'on en excepte les notes égales & plaintives du roſſignol européen, on pourroit les prendre l'un pour l'autre. C'eſt un oiſeau de paſſage comme le *moqueur*, & comme lui auffi, il refte quelquefois pendant l'hiver.

De retour à la maifon, le fouper étoit déformais mon unique affaire ; M. & Madame Grisby en étoient entiérement occupés, tandis que leurs filles, âgées de 16 ou 17 ans, & faites à peindre, préparoient le couvert. Je priai M. Grisby de fouper avec nous ; mais il n'y voulut pas confentir, parce qu'il avoit encore à travailler pour notre propre fervice. Ses foins ne furent pas inutiles : notre fouper fut très bon ; mais ce jour-là & les trois jours fuivans nous n'eûmes à boire que du wheyski, dont nous fîmes cependant du *towdy* affez paffable. Le lendemain matin le déjeûner fut prêt de bonne heure & correfpondant au fouper. M. Grisby, qui n'avoit plus rien à faire, fe mit à table avec nous. Il avoit un cheval fellé, parce qu'il vouloit encore nous fervir de guide jufqu'au Ferry de *Greenly*, où nous devions repaffer la Fluvanna ; mais on vint me dire qu'un de mes chevaux de fuite étoit fi bleffé fur le garrot qu'il étoit impoffible de le monter. Cet accident étoit d'autant plus fâcheux, que j'avois déja été obligé d'en laiffer un chez M. Jefferfon ; de forte que je n'en avois plus de relais. J'eus recours à mon ami M. Grisby ; il me dit que le feul de fes chevaux qui me convînt étoit celui qu'il montoit ordinairement, & dont il alloit fe fervir pour me conduire ; mais qu'il m'en accommoderoit volontiers en prenant le mien à la place. Je l'affurai que je lui donnerois tout ce qu'il voudroit de retour. Il alla voir mon cheval, & en rentrant il me dit qu'il croyoit qu'il vaudroit le fien lorfqu'il feroit guéri, & que je ferois là-deffus tel arrangement que je voudrois. L'un & l'autre pouvoient valoir chacun dix à douze louis : je lui en donnai deux de retour, & il fut parfaitement content. Un moment avant je lui avois demandé le mémoire de ma dépenfe ; & comme il n'avoit jamais voulu me le préfenter, difant toujours qu'il s'en rapportoit à moi, je lui avois donné quatre louis : il les reçut, mais en m'affurant que c'étoit le double de la dépenfe que j'avois faite. Enfin il fallut quitter cette bonne maifon, mais non pas M. Grisby, qui avoit pris un autre cheval & qui m'accompagnoit. En chemin il me montra deux plantations qu'il avoit poffédées fucceffivement avant de fe fixer dans celle qu'il cultive maintenant. Il les avoit laiffées déja en affez bon état, & les avoit vendues à raifon de 12 à 13 shellings l'acre ; ce qui revient à-peu-près à 10 livres de notre monnoie. Nous vîmes encore plufieurs autres plantations au milieu des bois ; elles étoient toutes fituées au bord de quelque ruiffeau dont la fource n'étoit pas éloignée. Les pêchers qu'on a foin d'y planter, & les arbres de Judée qui croiffent naturellement au bord de l'eau, étoient également en fleur & contraftoient agréablement avec les fapins & les chênes immenfes, au milieu defquels on avoit commencé ces nouvelles cultures.

Il étoit près de 10 heures lorfque nous arrivâmes au Ferry : comme nous en approchions, & que nous fuivions déja les bords de la riviere, j'appercus un animal que je ne connoiffois pas ; il revenoit du bord de la riviere, & cherchoit à gagner le bois. Je pouffai mon cheval de ce côté-là, efpérant l'effrayer & le forcer à monter fur un arbre ; car je le prenois pour un *raccoon*. Effectivement je le vis grimper fur l'arbre le plus proche de lui,

mais

mais affez lentement & affez maladroitement. Je
n'eus pas grande peine à le tuer ; car il ne cherchoit pas même à fe cacher comme les écureuils,
en fe couvrant de quelques groffes branches. Lorfque je l'eus arraché à mes chiens, au milieu defquels il fe débattoit, & qu'il avoit même mordu
affez fort, je l'examinai plus attentivement, &
je reconnus que c'étoit le *monax*, ou la marmotte
d'Amérique : fa forme, fa fourrure & fa couleur
reffemblent beaucoup à celles du rat mufqué ;
mais il eft plus gros, & il en differe particuliérement en ce qu'il a la queue courte & garnie de
poil : mais, comme le rat mufqué, il a les os
des côtes fi courts & fi flexibles, qu'on les prendroit pour de fimples cartilages ; de forte que
quoiqu'il foit beaucoup plus épais qu'un liévre,
il pourroit paffer par un trou qui n'auroit pas plus
de deux pouces de diamêtre.

Le Ferry de Greenly tire fon nom de celui qui
en eft propriétaire ; il fe trouve entre deux côtes
efcarpées. Nous le paffâmes en trois voyages ; &
nous étant féparés de M. Grisby, nous dépendîmes
de notre propre induftrie pour trouver le chemin

d'un *gap* très escarpé & très peu fréquenté, qui étoit la seule porte par laquelle il nous fût possible de sortir des montagnes. On nous avoit prévenu au Ferry que nous ne trouverions qu'une seule maison à trois milles de là, & au pied même de la montagne qu'il falloit gravir. Un petit sentier nous conduisoit à cette maison : après y avoir pris de nouvelles informations, nous suivîmes un autre sentier, & nous commençâmes à monter, non sans peine ; car le plus souvent la pente étoit si rapide, que nous étions obligés d'arrêter nos chevaux pour leur faire reprendre haleine. La rampe qui forme le chemin n'a pas moins de trois milles de long ; ce qui peut faire juger de la hauteur de cette montagne, qui est pourtant sur une espace de cent milles, la moins escarpée de celles qui composent les Blue-Ridges. Parvenus au sommet, nous jouîmes de la récompense qu'on obtient ordinairement après de pareils travaux : un spectacle magnifique, mais sauvage, s'offrit à nos regards ; nous vîmes les montagnes qui forment le *North-Ridge*, & celles qui, traversant d'une chaîne à l'autre, se réunissent quelquefois aux Blue-Ridges. C'est dans une de ces espèces de traverses, que se trouve placé le *Pont-Naturel*. On observera que je ne parle ici que de la vue du côté du nord : c'est que nous n'avions pas l'avantage de jouir du double aspect ; quelques sommets voisins & la hauteur des arbres nous empêchant d'étendre nos regards vers le sud.

La descente ne fut pas moins rapide que la montée avoit été escarpée : la longueur est aussi de trois milles. Nous jugeâmes nécessaire, pour le soulagement de nos chevaux & pour notre propre sûreté, de la faire à pied, quoique les pierres qui rouloient sous nos pas, la rendissent assez incommode. Mes chiens, qui n'étoient pas si touchés que moi de cet inconvénient, battoient toujours les bois, tandis que je marchois lentement ; ils firent lever à deux cens pas du chemin, cinq dindons sauvages ; mais comme ces oiseaux dirigerent leur vol vers un escarpement que je laissois derriere moi, je ne jugeai pas à propos de les aller chercher. Nous étions déja près du pied de la montagne, lorsque nous commençâmes à appercevoir l'horison ; mais dans cet horison, nous ne voyions encore que des bois

& des montagnes beaucoup moins hautes que celles dont nous fortions, fi l'on en excepte cependant les trois fommets connus fous le nom de *Peacks of Otter*, qui font encore très-élevés, & qui s'avancent des Blue-Ridges comme une efpece de contre-garde. En général, tout le pays, depuis les Blue-Ridges jufqu'aux fources de l'*Apamatock*, peut être confidéré comme un glacis compofé de petites montagnes qui partent du pied des Blue-Ridges, & vont toujours en s'abaiffant. C'eft ce dont les meilleurs cartes de la Virginie ne donnent aucune indication ; de forte qu'il eft impoffible que par leur infpection, on fe forme une idée jufte de la nature du pays.

Il étoit alors une heure & demie, & nous avions fait feize milles dans des chemins très difficiles, lorfque nous arrivâmes à la premiere maifon, au pied du Gap : mais comme ce n'étoit qu'une cabane affez pauvre, nous fumes obligés d'aller deux milles plus loin, chez un Planteur nommé *Lambert*, qui nous reçut avec toute forte d'honnêtetés. Il nous donna du gâteau & du lait, car il n'avoit chez lui ni pain, ni bifcuit ; & tandis que

nos chevaux mangeoient un peu de grain , il nous
tint bonne & joyeufe compagnie. Ce M. Lambert
eft une efpece de phénomene en Amérique , où la
longévité n'eft pas commune ; il a 83 ans, & n'en
paroît gueres plus de 55 ; il eft fort connu dans
fa patrie , parce qu'il n'y a pas de métier qu'il n'ait
fait , & de pays qu'il n'ait habité. Maintenant il eft
Cultivateur , & vit dans une très belle plantation
qu'il a défriché au pied des montagnes. Sa femme,
âgée feulement de 65 ans , avoit l'air beaucoup plus
vieille que lui. Pour fes fils , il font encore jeunes;
l'un d'eux eft Capitaine dans la légion de Virginie,
& il a formé lui-même fa compagnie, au commencement de la guerre. Elle étoit alors compofée
de foixante-trois hommes, tous enrôlés dans fon
voifinage ; & après fix campagnes, les foixante-
trois hommes font encore en vie : quelques-uns
feulement ont été bleffés. A cinq heures nous nous
remîmes en route pour gagner à dix milles plus
loin, la maifon d'un Capitaine *Muller*, qui n'eft
pas plus aubergifte que M. Lambert, mais qui reçoit volontiers le petit nombre de voyageurs qui
paffent par ce chemin peu fréquenté. On nous avoit

assuré que nous ne pourrions pas manquer le chemin ; il falloit dire que nous ne pourrions pas ne
pas le manquer. Nous fûmes très heureux de ne
nous égarer que deux fois, & enfin nous arrivâmes à nuit close chez le Capitaine Muller. C'est
un homme de 60 ans, haut de six pieds à-peu-
près, & gros à proportion, assez bavard, mais bon
homme, attaché à sa patrie & curieux de nouvelles.
Il me dit qu'il alloit faire de son mieux pour nous
donner à souper, mais qu'il ne pouvoit nous offrir
d'autre logement que la chambre où il nous recevoit & où il feroit porter des lits. Cette chambre
étoit spacieuse & propre ; mais elle étoit déjà occupée par un malade qu'il ne pouvoit déranger,
& qu'il nous prioit de laisser dans la petite place
qu'il occupoit : c'étoit un malheureux vieillard de
quatre-vingts ans, qui, deux jours auparavant,
voyageant dans les environs, avoit été à moitié
dévoré par une grosse chienne, dont il avoit imprudemment approché les petits ; elle lui avoit déchiré
un bras & une cuisse. M. Muller lui donnoit tous
les soins qui dépendoient de lui, & Madame Muller
pansoit elle - même ses plaies. Ce bon homme

dormit pendant toute la foirée, mais la nuit il fe plaignit beaucoup & nous réveilla quelquefois. Le lendemain matin je lui demandai comment il fe trouvoit, & il me répondit : oh ! *mighty weak*, puiffamment *foible*. C'eft que l'adverbe *mighty*, *puiffamment*, eft fort à la mode dans ce pays-là, & on en fait quelquefois l'ufage le plus ridicule, comme dans cette occafion. Avant de partir, je fis demander le *bill* ou le mémoire ; on me dit que M. Muller n'en vouloit pas préfenter. Je le fis appeller, & lui donnai deux louis, en lui demandant fi c'étoit affez : « beaucoup trop, me répondit-il : » vous venez de France dans mon pays pour le » fecourir & le défendre, je devrois vous mieux » recevoir & ne rien prendre de vous ; mais je fuis » un pauvre campagnard, & je ne fuis pas en état » de vous témoigner ma reconnoiffance. Si je » n'étoit pas malade, & effectivement il étoit » afmatique, je monterois encore à cheval, & » j'irois combattre avec vous ».

Le peu de reffources que j'avois trouvé dans cette maifon, & la néceffité de partager la longue journée qui me reftoit à faire, m'avoit décidé à partir

de bonne heure, & à aller déjeûner à *New-London*,
petite ville fituée à dix milles de là. L'embarras
étoit encore de trouver le chemin ; un homme que
je rencontrai dans la cour, prêt à monter à cheval
comme moi, m'en tira heureufement. C'étoit un
ancien Capitaine de la légion de Virginie ; je l'avois
vu arriver la veille, au foir, accompagnant deux
grandes demoifelles, qui étoient coëffées d'immenfes bonnets de gafe, couvertes de rubans, &
parées d'une maniere qui contraftoit tout-à-fait
avec la fimplicité de la maifon où je me trouvois.
J'avois fu qu'elles étoient filles de M. Muller, &
qu'elles venoient de fouper dans le voifinage ; mais
je m'étois bien gardé de leur parler, parce que je
ne doutois pas que nous n'euffions pris poffeffion
des lits deftinés à ces belles demoifelles & à leur
compagnie, & je mourois de peur que la galan-
terie françoife ne m'obligeât à les leur rendre. Je
ne fais comment elles s'arrangerent, mais elles
reparurent le matin, & elles ne parurent pas jolies.
Pour le Capitaine, il avoit été coucher à un mille
de là, chez une fœur de M. Muller, & il étoit
venu le matin prendre fon cheval pour retourner à

New-London. Il offrit de m'y conduire & de m'y faire à déjeûner ; car il tenoit une taverne. J'acceptai toutes fes propofitions & je fis agréablement le chemin, qui eft de dix milles, ce pays, ainfi que celui que nous avions parcouru la veille au foir, étant entrecoupé de très-jolies plantations. New-London, où j'arrivai à dix heures du matin, eft une ville naiffante, mais déjà affez confidérable ; car il y a bien foixante ou quatre-vingts maifons réunies. On en a fait un lieu de dépôt pour les magafins militaires. Il y a même différens atteliers où l'on travaille à la réparation des armes. Sa fituation au milieu des bois, & éloignée du théatre de la guerre, comme du commerce, n'exige pas qu'elle foit fortifiée ; mais la nature a tout préparé pour en faire une fortereffe. Placée fur un petit plateau, environné d'un glacis dont la pente eft précifément telle qu'on la peut defirer, cette petite ville feroit fortifiée à peu de frais, & défendue par une garnifon peu nombreufe. Nous en partîmes vers midi, pour aller chercher à vingt-quatre milles de là, la feule maifon où nous puffions trouver un gîte convenable. Ce n'étoit pas une auberge ; mais le propriétaire, M. *Hunter*, recevoit volontiers les étrangers. Cette différence entre auberge réelle & hofpitalité payée, eft entierement à l'avantage des voyageurs, parce qu'en Amérique, comme en Angleterre, les aubergiftes paient des taxes très fortes, & qu'ils s'en dédommagent par le prix exhorbitant qu'ils mettent à leurs denrées. M. Hunter nous reçut très bien & dans une maifon très propre. Nous en partîmes de bonne heure, & après avoir fait huit milles, toujours dans des bois fecs & arides, nous nous arrêtâmes à déjeûner chez un particulier nommé *Patiffon*. C'eft un gros homme âgé de 45 ans, qui eft impotent depuis l'âge de deux ans, & qui l'eft tellement qu'il ne peut fe tranfporter d'un endroit à un autre, qu'en faifant marcher fa chaife. On a peine à croire qu'un homme affligé d'une telle infirmité, choififfe fon domicile au milieu des bois, où il n'a pour toute compagnie qu'un domeftique blanc & des nègres de tout fexe. Je le crois impotent à plus d'un égard; car il a gardé le célibat, & fon incommodité feule n'auroit pas été un obftacle dans un pays où tout le monde fe marie.

Après avoir fait encore vingt milles, je m'arrêtai vers quatre heures après-midi, chez un Ecoſſois appellé *Johnſon*, qui eſt bien le plus ridicule perſonnage qu'on puiſſe voir. Il prononçoit l'Anglois d'une manière ſi inintelligible, que M. Dillon lui demanda ingénuement quelle langue il parloit. Comme M. Johnſon étoit d'aſſez mauvaiſe humeur, & même un peu ivre, je prévis que cette queſtion ne réuſſiroit pas, & ſur-tout qu'elle ne tourneroit pas à notre profit, lorſqu'il faudroit partir de cette eſpece d'auberge. Effectivement, au bout de trois quarts d'heure, lorſque nous remontâmes à cheval, il n'eut pas honte de demander ſept dollars pour à-peu-près vingt livres peſant de feuilles de maïs que nos chevaux avoient mangé, & deux bowls de towdy que nos gens avoient bu. Je m'en conſolai comme M. de Pourceaugnac ; je le payai, mais je lui dis bien ſon fait, & j'allai à douze milles de là, demander l'hoſpitalité à un autre Ecoſſois chez qui j'arrivai à l'entrée de la nuit. Celui-là ſe trouva très différent de l'autre. C'eſt un vieillard de 72 ans, appellé *Hodnett*, qui eſt établi en Amérique depuis quarante ans, & qui a formé aſſez récemment l'établiſſement où il me donna hoſpice. Il étoit empreſſé, poli & même complimenteur, mais très fier d'être né en Europe, & d'avoir paſſé quelques tems à *Cork*, où il avoit manqué, diſoit-il, une belle occaſion d'apprendre le François ; car il y avoit vêcu avec pluſieurs Négocians François, dont il ſe rappelloit les noms, quoiqu'il y eût déjà plus de cinquante ans. Il me demanda au moins vingt fois ſi je les connoiſſois, & puis il m'apporta un vieux livre, le ſeul qu'il eût dans ſa maiſon, c'étoit un mauvais Traité de Géographie ; mais le ſignet étoit à l'article de Cork, & on voyoit qu'il liſoit ſouvent cet article, car le papier y étoit plus uſé qu'ailleurs. En me préſentant ſon livre, il me dit avec un air d'importance, c'eſt à mon avis le meilleur ouvrage de Géographie qui exiſte. J'étois bien ſûr qu'il n'en avoit jamais lu d'autres ; mais je m'amuſai à lui dire qu'il avoit là un vrai tréſor, & qu'il devoit le garder précieuſement. Il ne manqua pas de l'aller ſerrer ſur-le-champ, & il revint bientôt avec un chiffon de papier enluminé, qui repréſentoit les armoiries & les deviſes de la famille des Hodnetts. Je l'aſſurai qu'elle étoit connue dans toute l'Europe ; & certainement ce n'étoit pas payer trop cher un bon lit & un bon fouper, car le lendemain il ne voulut pas faire de mémoire. Cependant je jugeai convenable de le payer honnêtement, efpérant que la famille des Hodnetts n'en fauroit rien, & ne fe croiroit pas obligée pour cela, d'ajouter à fes armoiries un enfeigne de cabaret.

Nous étions au 23 Avril ; mais la chaleur étoit déjà très incommode à neuf heures du matin, lorfque j'arrivai à *Cumberland-Court-Houfe*, où je m'arrêtai pour déjeûner. Ce chef-lieu d'un Comté affez confidérable, eft fitué dans une petite plaine d'un mille de diametre, à-peu-près à feize mille de la maifon d'Hodnett. Outre la Court-Houfe & une grande auberge qui en eft l'annexe néceffaire, il y a fept à huit maifons habitées par de riches particuliers. Je trouvai l'auberge remplie de monde, & j'appris que les Juges du Comté étoient raffemblés pour tenir une *Court of Claims* ; c'eft-à-dire, pour écouter & enregiftrer les demandes de différens particuliers, en conféquence des fournitures qu'ils ont faites à l'armée. On fait qu'affez habituellement, & sur-tout dans le cas d'une invasion imprévue, les troupes américaines n'ont point de magasins formés ; & comme il faut bien les faire subsister, on prend des vivres & des fourrages où l'on en trouve, & on se contente de donner pour tout paiement, un reçu qu'on nomme *certificat*. Tant que l'ennemi est à portée, tant que la campagne est active, on fait peu d'attention à ces especes d'emprunt qui s'accumulent sans qu'on en connoisse le montant, ni qu'on prenne aucune mesure pour en constater les titres. Cependant le pays se trouve encombré de ces certificats, & il faut, tôt ou tard, procéder à une liquidation. La derniere assemblée de l'État a donc jugé convenable de passer un *bill* pour autoriser les juges dans chaque Comté, à se faire représenter tous les certificats, à en vérifier la validité, & à les faire enrégistrer, en spécifiant la valeur des denrées en argent, d'après un tarif convenu. J'eus la curiosité d'aller à la Court-House, voir comment cela se passoit, & je trouvai que c'étoit avec beaucoup d'ordre & de simplicité. Les Juges portoient leurs habits ordinaires ; mais ils siégeoient dans une tribune élevée, comme à Londres dans la falle du *Banc du Roi*, & dans celle des *Plaids-communs*. Un d'eux me voyant debout à la porte de la falle, defcendit de la tribune & me propofa d'aller me rafraîchir dans fa maifon, où fa famille me recevroit, en attendant que la ceffion fût finie. Je lui répondis que j'étois obligé de continuer ma route, & effectivement je n'avois pas de tems à perdre, car il me reftoit encore vingt-huit milles à faire, & par un chemin tellement dépourvu de toute reffource pour les voyageurs, que m'étant propofé de donner encore quelques repos & quelque nourriture à mes chevaux, je ne pus trouver de fourrage, qu'à vingt milles de là, dans la maifon d'un Maréchal. Comme je ne comptois y paffer qu'une demi-heure au plus, j'étois refté affis fous des arbres; mais M. d'Oyré étant entré dans la maifon, revint & me dit qu'il y avoit trouvé un cercle de quatre ou cinq jeunes perfonnes, toutes jolies & fort bien mifes. J'eus la curiofité de les voir, & mes regards fe fixerent auffi-tôt fur une jeune femme de dix-huit ans, qui donnoit à têter à fon enfant. Ses traits étoient fi beaux & fi réguliers; elle avoit une telle décence & une telle modeſtie dans ſon maintien, qu'elle me retraçoit parfaitement ces belles vierges de Raphaël, modèle ou exemple du *beau idéal*. Comme ce n'eſt plus qu'en Philoſophe qu'il m'eſt permis de conſidérer la beauté, je placerai ici une obſervation que j'ai faite ſouvent en pays étranger, & ſur-tout en Angleterre & Amérique; c'eſt que la beauté des traits & des formes, la beauté indépendante des graces, du mouvement & de l'expreſſion, ſe trouve plus communément chez les peuples du nord, ou parmi les races qui en deſcendent, qu'en France & vers le midi. S'il falloit en aſſigner la cauſe, je dirois que par je ne ſais quelle raiſon, étrangere ſans doute à la température du climat, la jeuneſſe eſt chez eux plus hâtive & plus prématurée; d'où il réſulte que dans les jeunes perſonnes, même dans les filles de 12 à 13 ans, la rondeur des formes ſe trouve réunie à la fraicheur du teint & à cette régularité plus parfaite, qu'ont les traits lorſqu'ils ne ſont pas encore modifiés par les paſſions & par les habitudes. En France, c'eſt tout différent, les enfans y ſont aſſez jolis juſqu'à l'âge de ſept à huit ans; mais il eſt rare que les filles conſervent leur beauté au mo-

ment

ment où elles approchent de la puberté. Il faut pour ainſi dire deviner alors ce qu'elles feront un jour, & ſouvent les pronoſtics ſont trompeurs. Ce tems eſt une eſpece de cryſalide, pendant laquelle les jolies deviennent laides, & les laides jolies. C'eſt depuis 20 juſqu'à 25 ans que s'opere le développe-ment des traits, & que s'acheve l'ouvrage de la na-ture, ſi toutes fois il n'eſt pas dérangé par les mala-dies, & ſur-tout par les ſuites morales & phyſiques du mariage. D'un autre côté, la beauté de nos fem-mes, une fois échappée à ce danger, ſe conſerve bien plus longtems qu'ailleurs. Il ſemble que leur ame ſe ſoit identifiée à leurs traits, & qu'elle veille à leur conſervation : nul mouvement ſans grace, nulle grace ſans expreſſion ; l'envie de plaire per-fectionne & perpétue les moyens de plaire, & la nature, plutôt aidée que contrariée par l'art, n'eſt pas livrée à l'abandon de la vie domeſtique, ni pro-diguée à une fécondité ſans meſure. Ainſi les ar-bres utiles peuvent ſervir à la décoration des jardins, ſi l'abondance des fruits n'empêche pas les fleurs de renaître. Il réſulte de ces réflexions, que les Fran-çoiſes n'ont rien à envier aux étrangeres ; qu'à la

vérité leur beauté eſt moins hâtive & moins parfaite, mais qu'elle eſt plus piquante & plus durable;
que ſi d'autres ſont meilleures à peindre, elles ſont
meilleures à voir; enfin, que ſi elles ne ſont pas
toujours celles qu'on admire le plus, elles ſont certainement celles qu'on aimera le plus, & le plus
long-tems.

Je retourne à mon voyage de peur d'en faire
un dans un pays trop dangereux. Il étoit déjà nuit
& j'avois fait quarante-quatre milles de chemin
lorſque j'arrivai à *Powhatan-Court-Houſe*. Cet
établiſſement eſt plus récent & plus ruſtique que
celui de Cumberland. Il conſiſte dans une ſimple
baraque qui ſert pour tenir les ceſſions & dans
une autre baraque qui tient lieu d'auberge; encore
cet hoſpice étoit à peine ouvert aux voyageurs.
Il étoit tenu par un jeune homme qui venoit de
s'y établir; il y vivoit avec une grande & jolie
femme qui étoit la ſienne, & une autre moins
jolie qui étoit ſa belle-ſœur. Nous y eûmes un bon
ſouper & de bons lits, mais il fallut que nos chevaux ſe paſſaſſent de fourrage. Le Comté de
Powhatan doit ſon nom à un Roi ſauvage célèbre

dans l'hiſtoire de Virginie. Il régnoit au commencement du dernier ſiecle, lorſque la Colonie forma
ſon premier établiſſement à James-Town. Il fallut
ſouvent traiter avec lui & quelquefois auſſi lui
faire la guerre. On le repréſente comme un politique profond, mais perfide. Il avoit conquis
tout le pays entre l'Apamatock & la Baye de
Cheſapeak, & il étoit redouté de toutes les nations
voiſines.

Je partis de Powhatan le 24 d'aſſez bonne heure,
& après m'être arrêté deux fois, la premiere pour
déjeuner dans une petite maiſon aſſez pauvre à
huit milles de Powhatan, & la ſeconde à vingt-
quatre milles plus loin dans un lieu appellé *Cheſ-
terfield-Court-Houſe*, où je vis les reſtes des ca-
ſernes occupées autrefois par le Baron de Stubens
& brûlées depuis par les Anglois, j'arrivai à *Petersburg* à l'entrée de la nuit. Cette journée fut
encore de quarante-quatre mille. La ville de Petersburg eſt ſituée ſur la rive droite de l'Apamatock.
Il y a bien quelques maiſons ſur la rive gauche ;
mais cette eſpece de fauxbourg eſt un chef-lieu
qui eſt indépendant de Petersburg & qui s'appelle

Pocahunta. Je passai la riviere sur un ferry-boat & je fus conduit dans une petite auberge à trente pas de là, qui n'avoit pas grande apparence. Cependant quand j'y entrai, je vis un appartement très proprement meublé, une grande femme bien habillée & de très bon air, qui donnoit tous les ordres nécessaires pour notre réception, & une jeune demoiselle, non moins grande & très élégante, qui étoit occupée à travailler. Je m'informai de leurs noms & je trouvai qu'ils n'étoient pas moins imposans que leur extérieur. La maîtresse de la maison, déjà veuve pour la seconde fois, s'appelloit Mistrifs *Spencer*, & sa fille, qui étoit du premier lit, Mifs *Saunders*. On me fit voir ma chambre à coucher, & la premiere chose qui frappa mes regards fut un grand & magnifique clavecin, fur lequel il y avoit encore une guittare. Ces instrumens de musique appartenoient à Mifs Saunders qui savoit très bien en faire usage ; mais comme j'avois plus besoin d'un souper que d'un concert, ma premiere impression fut de trouver mes hôtesses de trop bonne compagnie & de craindre d'avoir moins d'ordres à donner que de com-

plimens à faire. Cependant il se trouva que madame
Spencer étoit la meilleure femme du monde, gaie
& même rieuse, disposition très rare en Amérique, & que sa fille, toute élégante qu'elle paroissoit, étoit douce, honnête & de bonne conversation ; mais pour des voyageurs affamés tout cela
ne pouvoit encore être considéré que sous un seul
point de vue, c'est-à-dire, comme un bon augure
pour le souper. Ce souper ne se fit pas attendre :
à peine avions nous admiré la propreté & la beauté
de la nappe, que la table fut couverte de très bons
plats & sur-tout de poissons monstrueux & excel-
lens. Nous allâmes nous coucher déjà très bien
avec nos hôtesses, & le lendemain matin nous
déjeunâmes avec elles. J'étois prêt à sortir pour
me promener lorsque je reçus la visite d'un certain M. *Victor*, que j'avois vu à Williamsburg ;
c'est un Prussien qui a servi autrefois, & qui, après
avoir beaucoup voyagé en Europe, est venu s'établir dans ce pays, où il a d'abord fait fortune par
ses talens, & a fini par devenir planteur comme
les autres. Il est excellent musicien & joue de
toute sorte d'instrumens, ce qui le fait rechercher

G 3

dans tous les environs. Il me dit qu'il étoit venu passer quelques jours chez madame *Bowling*, une des plus riches propriétaires de la Virginie & à qui la moitié de la ville de Petersburg appartient. Il ajouta qu'elle avoit appris mon arrivée & qu'elle comptoit que je viendrois dîner chez elle. J'acceptai la proposition & je me mis sous la conduite de M. Victor, qui me mena d'abord voir les *Ware-Houses*, ou magasins de tabac. Ces magasins, dont on a construit une grande quantité en Virginie, mais dont malheureusement une partie a été brûlée par les Anglois, sont sous la direction de l'autorité publique. Il y a des inspecteurs nommés pour vérifier la qualité du tabac que les planteurs y font porter, & s'ils la trouvent bonne, ils donnent un reçu de la quantité. Alors le tabac peut être considéré comme vendu ; car les *récépissés* font monnoie dans le pays. Je suppose, par exemple, que j'aye déposé à Petersburg vingt *Hogsheads* ou Boucaux de tabac, je puis m'en aller à cinquante lieues de là, comme à *Alexandrie* ou à *Fredericksburg* ; & si j'ai besoin d'acheter des chevaux, des draps ou toute autre chose, je les paye avec mes reçus, lefquels circuleront peut-être encore dans nombre de mains avant de parvenir dans celles des négocians qui viennent enlever des tabacs pour les exporter. Il réfulte de là que le tabac eft non-feulement valeur de banque, mais monnoie de commerce. On entend dire fouvent : *J'ai payé ma montre dix Hogsheads de tabac ; ce cheval m'a couté quinze Hogsheads, on m'en offre vingt, &c.* Il eft vrai que le prix de cette denrée, qui eft prefque toujours le même en tems de paix, peut varier en tems de guerre ; mais alors celui qui le reçoit en paiement, faifant un marché libre, calcule fes rifques & fes efpérances. Enfin on doit regarder cet établiffement comme très utile, puifqu'il met les denrées en valeur & en circulation, dès qu'elles font recueillies, & qu'il rend en quelque forte le cultivateur indépendant du marchand.

Les magafins de Petersburg appartiennent à madame Bowling. Ils ont été épargnés par les Anglois, foit parce que les Généraux Phillips & Arnold, qui ont logé chez elle, ont eu quelqu'égard pour fa propriété, foit parce qu'ils vouloient conferver le tabac qu'ils comptoient vendre à leur profit. Phillips mourut dans la maifon de madame Bowling, & alors le commandement fe trouva dévolu à Arnold. J'ai ouï dire à Lord Cornwallis qu'à fon arrivée il le trouva en grande difpute avec la Marine, qui prétendoit que tout le butin devoit lui appartenir. Lord Cornwallis termina la querelle en faifant brûler le tabac ; mais madame Bowling avoit eu le crédit & le tems de le faire tranfporter hors de fes magafins. Elle n'a pas été moins heureufe de fauver un fuperbe établiffement qu'elle poffede dans la même ville : c'eft un moulin qui fait mouvoir un fi grand nombre de meules, de blutoirs, de vans, &c., & d'une maniere fi fimple & fi facile, qu'il lui rapporte plus de vingt mille livres de rente. Je paffai près d'une heure à en examiner toutes les parties & à en admirer la charpente & la conftruction. Ce font les eaux de l'Apamatock qui le font mouvoir; on les a détournées au moyen d'un canal creufé dans le roc.

Après avoir continué ma promenade dans la ville où je vis nombre de boutiques, dont plufieurs affez bien fournies, je jugeai que le moment étoit venu de faire une vifite à madame Bowling & je priai M. Victor de me mener chez elle. Sa maifon ou plutôt fes maifons, car elle en a deux fymétriques & fur la même ligne, qu'elle fe propofe de joindre enfemble par un corps de logis, fes maifons, dis-je, font fituées au haut d'un talus affez confidérable qui s'éleve du terrein où eft bâtie la ville de Petersburg & qui correfpond fi parfaitement au cours de la riviere, qu'il n'y a pas lieu de douter que ce ne fût autrefois la rive de l'Apamatock. Ce talus & le plateau immenfe fur lequel la maifon de madame Bowling eft bàtie, font couverts d'herbes & forment un excellent pâturage, qui lui appartient encore. Il étoit autrefois entouré de barrieres & elle y nourriffoit de très beaux chevaux ; mais les Anglois ont brûlé les barrieres & emmené une grande partie des chevaux. A mon arrivée je fus d'abord reçu par mademoifelle Bowling, jeune fille de quinze ans, & ayant toute la fraîcheur de fon âge ; fa mere, fon frere & fa belle-fœur vinrent enfuite. La premiere reffemble peu à fes com-

patriotes ; c'eft une femme de plus de cinquante
ans , vive , active , intelligente , qui fait bien gou-
verner fon immenfe fortune , & ce qui eft plus
rare encore , qui fait en ufer. Pour fon fils & fa
belle-fille , je les avois déjà vu à Williamsburg.
Le premier eft un jeune homme qui paroît doux
& honnête ; mais fa femme , âgée feulement de
dix-fept ans , eft intéreffante à connoître , non
parce qu'elle a une figure & une taille extrême-
ment délicate & une tournure tout-à-fait Européenne ; mais parce qu'avec cette taille & cette
figure délicates , elle eft defcendante de la Prin-
ceffe fauvage *Pocahunta* , fille du Roi Powhatan,
dont j'ai déjà parlé. Il faut croire que c'eft plutôt
du caractere de cette aimable Américaine , que
de fes formes extérieures que madame Bowling
a hérité. Peut-être ceux qui n'ont pas lu l'hiftoire
particuliere de la Virginie , ignorent-ils que Pocahunta fut la protectrice des Anglois & les dé-
roba fouvent à la cruauté de fon pere. Elle n'a-
voit que douze ans lorfque le Capitaine Smith,
le plus brave , le plus intelligent & le plus humain
des premiers Colons , tomba entre les mains des

fauvages. Il étoit déjà parvenu à entendre leur langage; plufieurs fois il avoit commercé avec eux;
plufieurs fois il avoit appaifé les querelles qui
naiffoient entr'eux & les Européens; plufieurs fois
auffi il avoit été obligé de les combattre & de
punir leur perfidie. Un jour fous prétexte de
commerce il fut attiré dans une embufcade; il
vit tomber les deux feuls compagnons qu'il avoit,
mais il fut fe débarraffer à lui feul de la troupe
dont il étoit environné. Malheureufement pour
lui il crut pouvoir fe fauver en traverfant un marais
& il y refta embourbé, de maniere que les Sauvages, contre lefquels il ne lui reftoit plus aucun
moyen de défenfe, purent enfin le prendre, le
lier & le conduire à Powhatan. Celui-ci fut fi fier
d'avoir en fa puiffance le Capitaine Smith, qu'il
le fit promener en triomphe chez tous les Prin-
ces fes tributaires, ordonnant qu'on le fervît
fplendidement jufqu'à ce qu'il revint fubir le fort
qu'on lui préparoit. Le moment fatal étoit enfin
arrivé; le Capitaine Smith étoit déjà couché devant le foyer du Roi fauvage, la tête placée fur
une large pierre pour recevoir le coup de la mort,

lorſque Pocahunta , la plus jeune , la plus chérie
des filles de Powhatan ſe jetta les bras étendus
ſur le corps du Capitaine Smith , & déclara que
ſi la ſentence cruelle étoit exécutée , elle recevroit les premiers coups dont on voudroit le frap-
per. Tous les Sauvages , y compris les deſpotes
& les tirans , ſont plus ſenſibles aux pleurs d'un
enfant qu'à la voix de l'humanité. Powhatan ne
put réſiſter aux larmes , aux prieres de ſa fille.
Le Capitaine Smith obtint donc la vie , à condition qu'il payeroit ſa rançon : mais comment
pouvoit-il ſe procurer la quantité de mouſquets,
de poudre & d'uſtenſiles de fer qu'on lui deman-
doit ? on ne vouloit par le laiſſer retourner à
Jamestown ; on ne vouloit pas non plus que les
Anglois fuſſent où il étoit , de crainte qu'ils ne
le redemandaſſent les armes à la main. Le Capitaine Smith , qui n'avoit pas moins de tête que
de courage , dit au Roi que s'il vouloit ſeulement
ordonner à un de ſes ſujets de porter à Jamestown
une petite planche qu'il lui remettroit , il feroit
trouver ſous un arbre à jour & à heure nommés
tout ce qu'on exigeoit pour ſa rançon. Powhatan

y confentit fans ajouter foi à ces promeffes, &
croyant que c'étoit un artifice du Capitaine Smith
pour prolonger fa vie. Mais celui-ci avoit gravé
fur la planche quelques lignes qui fuffifoient pour
rendre compte de fa fituation. Le meffager revint ; on envoya au lieu indiqué, & on fut bien
furpris d'y trouver tout ce qu'on avoit demandé.
Powhatan ne pouvoit concevoir qu'il y eût un
moyen de tranfmettre ainfi fa penfée ; & le Capitaine Smith fut déformais regardé comme un
grand magicien à qui on ne pouvoit trop témoigner de refpect. Il laiffa les Sauvages dans cette
opinion & fe hâta de les quitter. Mais deux ou
trois ans après, quelques différens étant furvenus
entr'eux & les Anglois, Powhatan, qui ne les
croyoit plus forciers, mais qui ne les redoutoit
pas moins, trama un affreux complot pour fe débarraffer d'eux. Il devoit les attaquer au fein de
la paix & les égorger tous. La nuit même que ce
complot devoit s'exécuter, Pocahunta profita de
l'obfcurité & d'un orage affreux qui retenoit les
Sauvages dans leurs cabannes ; elle s'échappa de la
maifon de fon pere, avertit les Anglois de fe

tenir fur leur garde ; mais les conjura d'épargner fa famille, de paroître ignorer ce qu'elle leur avoit appris, & de terminer toute querelle par un nouvel accommodement. Il feroit trop long de raconter tous les fervices que cet ange de paix rendit aux deux nations. Je dirai feulement que les Anglois, je ne fais par quel motif, mais affurément contre toute bonne-foi & contre toute équité s'aviferent de l'enlever à fon pere. Elle pleura beaucoup & longtems, mais ce fut une confolation pour elle de retrouver le Capitaine Smith qui lui tint lieu de pere. On la traita avec beaucoup de refpect & on la maria à un Colon appellé *Roll*, qui bientôt après la mena en Angleterre. C'étoit fous le regne de Jacques premier. On prétend que ce Monarque, pedant & ridicule en tous points, étoit fi infatué des prérogatives de la royauté qu'il trouva mauvais qu'un de fes fujets eût ofé époufer la fille d'un Roi fauvage. Il ne fera peut être pas difficile de décider fi dans cette occafion c'étoit le Roi fauvage qui étoit honoré de fe trouver placé fur une même ligne avec le Prince Européen, ou le Monarque Anglois qui, par fon or-

gueil & fes préjugés , fe mettoit au niveau d'un chef de Sauvages. Quoiqu'il en foit, le Capitaine Smith qui étoit retourné à Londres avant l'arrivée de Pocahunta, fut empreffé de la revoir, mais n'ofa pas la traiter avec la même familiarité qu'à Jamestown. Dès qu'elle l'avoit apperçue elle s'étoit jettée dans fes bras en l'appellant fon pere ; mais voyant qu'il ne répondoit pas affez à fes careffes & qu'il ne l'appelloit pas fa fille , elle détourna la tête, pleura amerement & fut longtems fans qu'on pût obtenir d'elle une feule parole. Le Capitaine Smith lui demanda plufieurs fois ce qui pouvoit l'affliger. « Quoi ! lui dit-elle, n'ai-je pas
» fauvé tes jours en Amérique ? lorque j'ai été
» arrachée du fein de ma famille & conduite parmi
» tes freres, ne m'as-tu pas promis de me tenir
» lieu de pere ? Ne m'as-tu pas dit que fi j'allois
» dans ton pays tu ferois mon pere & que je ferois
» ta fille ? Tu m'as trompée & je me trouve ici
» étrangere & orpheline ». On conçoit aifément qu'il ne fut pas difficile au Capitaine de faire fa paix avec cette charmante créature qu'il aimoit tendrement. Il la préfenta aux perfonnes les plus

confidérables des deux fexes ; mais il n'ofa la mener à la cour , dont elle reçut pourtant des bienfaits. Enfin après avoir paffé plufieurs années en Angleterre , où elle donna des preuves continuelles de vertu , de piété & d'attachement pour fon mari, elle mourut comme elle étoit prête à s'embarquer pour retourner en Amérique. Elle n'avoit eu qu'un fils ; ce fils s'eft marié & n'a laiffé que des filles ; celles-là , que d'autres filles , & c'eft ainfi par une defcendance féminine que le fang de l'aimable Pocahunta coule maintenant dans les veines de la jeune & aimable madame Bowling.

On voit que je ne reviens à celle-ci qu'après un long détour , mais j'efpere qu'on me pardonnera cette digreffion ; du moins je n'écris que pour ceux à qui elle pourra plaire. Ma vifite à madame Bowling & à fa famille m'ayant fuffi pour me faire juger que je pafferois agréablement chez elle une partie de la journée , je fortis pour continuer mes promenades & je promis de revenir à deux heures. M. Victor , fous les aufpices duquel j'étois encore, me conduifit au camp que les ennemis avoient occupés. Il témoigna du regret que je ne puffe pas

voir

voir de plus près la belle maison de Campagne de M. *Banifter* que j'appercevois de là. Le feul obftacle étoit la diftance, d'une demi-lieue à peu près, & la chaleur du haut du jour : il ne nous arrêta pas, & en marchant doucement, nous arrivâmes fans fatigue à cette maifon qui eft effectivement curieufe à voir, parce qu'elle eft décorée dans un goût plus italien qu'anglois ou américain, ayant trois portiques aux trois principales entrées, foutenus chacun par quatre colonnes. Elle étoit alors occupée par un habitant de la Caroline appellé *Nelfon*. La guerre lui avoit fait abandonner fa patrie, & la guerre l'eft venu chercher à Petersburg. Il m'invita à entrer chez lui, & tandis que, fuivant l'ufage, il me faifoit boire un verre de vin, arriva un autre Carolinien, appellé M. *Bull*, qui venoit lui demander à dîner. Celui-ci étoit Brigadier-Général de milice, & il venoit de l'armée de Green, où il avoit fait fon tems de fervice. L'hiftoire de M. Bull, qui fera fort courte, donnera une idée de l'état des provinces méridionales ; avant & pendant la guerre, poffeffeur d'un grand nombre de negres

Tome II. H

& d'un mobilier confidérable, fur-tout en argen-
terie, il ne crut pas après la prife de Charles-Town
devoir expofer fes richeffes à la rapacité des Anglois. Il partit donc à la tête de deux cens negres,
& fuivi d'un grand nombre de chariots qui portoient fes effets & des provifions pour fa petite armée, il traverfa ainfi la Caroline du fud, celle du
nord, & une partie de la Virginie, établiffant
fon camp tous les foirs dans l'endroit qui lui paroiffoit le plus commode. Il arriva ainfi à *Tukakoe*,
fur la riviere de James, chez M. *Randolph*, riche
habitant de la Virginie & fon ancien ami. Celui-
ci lui donna un terrein près de fa maifon, fur lequel
il en fit auffi-tôt conftruire une par fes negres.
Là il vivoit tranquillement au milieu de fes efclaves & de fes troupeaux ; mais voilà qu'Arnold
& Philips envahiffent la Virginie & approchent
de fon nouvel afyle : auffi-tôt M. Bull de partir
avec fes tréfors, fes troupeaux & fes negres, pour
fe retirer dans le haut pays du côté de Fredericksburg. Je lui demandai ce qu'il auroit fait, fi
nous n'étions pas arrivés tout à propos pour chaffer
les Anglois, qui fe propofoient d'achever la con-

quête de la Virginie : Je me ferois retiré dans le Maryland, me répondit-il : — & s'ils y étoient venus? — j'aurois gagné la Penfilvanie, & ainfi de fuite, jufqu'à la nouvelle Angleterre. Ne croit-on pas voir ces anciens patriarches émigrer avec leur famille & leurs troupeaux, fûrs de trouver partout une terre qui les recevra & qui les nourrira? Le Général Bull fe difpofoit à retourner dans fa patrie pour y paffer déformais des jours plus tranquilles; & moi, après lui avoir fait quelques queftions fur les affaires du fud, auxquelles il me répondit avec beaucoup de franchife & de bon fens, je me difpofai à retourner chez madame Bowling, où mon attente ne fut pas trompée, car on nous fervit un très bon dîner, dont on nous fit les honneurs avec beaucoup de cordialité, & fans gêne & fans compliment. L'après-dîner mademoifelle Bowling fe mit au clavecin & chanta comme une bonne muficienne, mais non pas avec une voix agréable. L'héritiere de Pocahunta prit une guittare & chanta comme une perfonne qui n'eft pas muficienne, mais avec une voix charmante. Enfin je rentrai chez moi où j'eus encore

H 2

un autre concert, mademoiſelle Saunders ayant bien voulu me chanter auſſi quelques airs, & s'accompagner, tantôt ſur le clavecin, tantôt ſur la guittare.

Il fallut quitter le lendemain cette bonne maiſon & cette bonne compagnie : mais avant de m'éloigner de Petersburg, j'obſervai que cette ville étoit déjà floriſſante & le deviendra toujours de plus en plus, ſa ſituation étant très favorable au commerce: 1°. Parce qu'elle eſt placée préciſément au-deſſous des *falls*, ou rapides, de l'Apamatock, & qu'à cet endroit même la riviere peut recevoir des bâtimens de cinquante à ſoixante tonneaux. 2°. Parce que toutes les productions qui naiſſent au ſud de la Virginie n'ont pas d'autre débouché ; & que même celles de la Caroline du nord prennent peu-à-peu ce chemin-là, la navigation du *Roanock* & du détroit d'*Albermale* n'étant pas à beaucoup près auſſi commode que celle de l'Apamatock & de la riviere de James. Malheureuſement ces avantages ſont compenſés par l'inſalubrité du climat. On aſſure que dans les trois petits bourgs de Pocahunta, de Blandfort & de

Petersburg, qu'on peut confidérer comme ne formant qu'une feule ville, on trouve à peine deux perfonnes qui foient nées dans le pays même. Cependant le commerce & la navigation y attirent toujours des étrangers. D'ailleurs le fite eft agréable, & peut-être parviendra-t-on à rendre ce climat plus fain, en defféchant quelques marais aux environs.

A cinq milles de Petersburg, nous paffâmes fur un pont de pierre, la petite riviere de Randolph, & voyageant toujours dans un pays riche & peuplé, nous arrivâmes à une fourche de chemin, où nous choisîmes précifément celui qui ne nous menoit pas à *Richmond*, où nous voulions aller. Mais nous n'eûmes pas lieu de nous en repentir; nous ne fîmes que deux milles de trop, & nous fûmes conduits fur le bord de la riviere de James à un charmant endroit appellé *Warwick*. Plufieurs jolies maifons raffemblées en font une efpece de village; mais on en voit de fuperbes aux environs, entr'autres celle du Colonel Cary, fur la rive droite de la riviere de James, & celle de M. *Randolph* fur la rive oppofée. Il ne faut pas

s'ennuyer d'entendre prononcer le nom de Randolph quand on voyage en Virginie : c'eſt une
des plus anciennes familles du pays , puiſqu'il y
avoit un Randolph parmi les premiers planteurs ;
mais c'eſt auſſi la plus nombreuſe & la plus riche.
Elle eſt diviſée en ſept ou huit branches , & je
ne craindrai pas d'exagérer en aſſurant qu'elle poſſede plus d'un million de revenu. Il n'y a que
vingt-cinq milles de Petersburg à Richmond ; mais
comme je m'étois égaré & que j'avois marché
aſſez lentement , il étoit près de trois heures lorſque j'arrivai à *Mancheſter* , eſpece de fauxbourg
de Richmond , placé ſur la rive droite de la
riviere , à l'endroit où on paſſe le Ferry. Ce
paſſage fut court , parce qu'il y a deux bateaux
pour le ſervice des voyageurs. Quoique Richmond
ſoit une ville déjà ancienne & très bien ſituée pour
le commerce , puiſqu'elle a été bâtie à l'endroit
où commence la navigation de la riviere de James , c'eſt-à-dire , préciſément au-deſſous des
rapides , c'étoit avant la guerre une des moins
conſidérables de la Virginie , où elles ſont en général très petites ; mais le gouvernement y ayant

été tranſporté de Williamsburg , elle eſt devenue une vraie capitale & elle s'augmente tous les jours. Il étoit ſans doute néceſſaire d'éloigner le corps légiſlatif des côtes de la mer , où il étoit expoſé aux incurſions rapides & imprévues des Anglois. Mais Williamsburg avoit encore l'inconvénient d'être ſitué à l'extrêmité de la Virginie , ce qui obligeoit une grande partie des délégués à faire un long voyage pour ſe rendre à l'aſſemblée de l'état ; d'ailleurs , comme elle eſt placée entre les rivieres James & d'York , elle n'a point de port & ne communique avec ces rivieres que par de petites creeks d'une navigation difficile , au lieu que les vaiſſeaux de deux cens tonneaux remontent juſqu'à Richmond. Cette nouvelle capitale eſt diviſée en trois parties : l'une eſt au bord de la riviere & peut être conſidérée comme le port ; les deux autres ſont ſituées ſur deux hauteurs ſéparées par une petite vallée. On me conduiſit à celle de l'oueſt dans une très bonne auberge où je n'eus pas la peine d'établir mon logement & de commander mon dîner ; car un domeſtique que j'y avois envoyé la ſurveille , avec un cheval boiteux , avoit

H 4

annoncé mon arrivée. Nous fûmes donc servi sur le champ, mais avec une telle magnificence & une telle profusion, que vingt convives en auroient eu encore beaucoup trop. C'étoit des éclats de rire à chaque plat qu'on nous apportoit, & en même tems de grandes allarmes pour le *bill* du lendemain ; car on m'avoit prévenu que les auberges de Richmond étoient très cheres. Cependant j'en fus quitte pour sept ou huit louis, ce qui n'étoit pas énorme eu égard à la dépense que j'avois faite. Quelque tems auparavant M. de Rochambeau avoit payé vingt-cinq louis dans une autre auberge, pour y avoir eu quelques chevaux pendant quatre ou cinq jours, sans y avoir mangé ni couché. M. *Formicalo*, mon hôte, étoit plus honnête ; il avoit seulement une grande idée de la maniere dont il falloit traiter les Officiers-Généraux françois. C'est un Napolitain qui est venu en Virginie avec le *Lord Dunmore*, dont il étoit maître-d'hôtel ; mais il n'avoit pas pris le plus court, car il avoit été auparavant en Russie. Maintenant il a une belle maison, des meubles, des esclaves, & il deviendra bientôt un homme confidérable dans fa nouvelle patrie : cependant il fe fouvient encore de l'ancienne avec plaifir, & je ne doute pas que l'attention que j'ai eu de ne lui parler qu'Italien ne m'ait épargné quelques louis.

Dès que j'eus fini mon dîner j'allai rendre vifite à M. *Harriffon*, qui eft maintenant Gouverneur de l'État. Je le trouvai établi dans une maifon fort fimple, mais affez fpacieufe, qu'on venoit d'accommoder pour lui. Comme l'affemblée ne fiégeoit pas alors, rien ne le diftinguoit des autres citoyens. Un de fes freres, qui eft Colonel d'artillerie, & un de fes fils, qui lui fert de fecrétaire, étoient avec lui. La converfation fut libre & agréable : il defira même qu'elle fût prolongée ; car m'étant levé au bout d'une demi-heure, dans la crainte qu'il n'eût des affaires, il m'affura qu'il avoit fini toutes celles de la journée, & me pria de me raffeoir. Nous parlâmes beaucoup du premier Congrès affemblé en Amérique, où il avoit fiégé pendant deux ans, & qui, comme je l'ai dit plus haut, étoit compofé de tout ce qu'il y avoit de plus diftingué alors pour la vertu & pour

la capacité. Ce sujet de conversation nous conduisit naturellement à celui dont les Américains
s'entretiennent le plus volontiers , l'origine & le
commencement de la révolution présente. Ce
qu'elle eut de particulier en Virginie , c'est que
le peuple de ce pays étoit certainement celui qui
se trouvoit le mieux du gouvernement anglois.
Les Virginiens étoient plus cultivateurs que commerçans , & leur culture étoit plus riche qu'in-
dustrieuse. Ils possédoient presqu'exclusivement
une denrée privilégiée , le tabac. Les Anglois
venoient la chercher jusques dans le sein du pays,
& ils apportoient en échange tous les objets d'utilité & même de luxe. Ils témoignoient une affection, une prédilection particuliere pour la Virginie , & favorisoient ainsi la disposition particuliere du pays, où la cupidité & la paresse ont
les mêmes droits & se servent seules de limites
l'une à l'autre. Sans doute il étoit difficile de
persuader à ce peuple de prendre les armes ,
parce qu'à trois cens lieues de là, la ville de
Boston ne vouloit pas payer de droits pour le
thé, & étoit en rupture ouverte avec l'Angleterre.

Il falloit fubftituer l'activité à la pareffe, & la pré-
voyance à l'infouciance. Il falloit réveiller cette
idée à laquelle frémit tout homme élevé dans
les principes de la conftitution angloife, celle de
la foumiffion à une taxe à laquelle on n'a pas
confenti. Le cas n'étoit point encore arrivé ; les
gens inftruits prévoyoient feulement que c'étoit
le but & la conféquence des premieres démarches :
mais comment en convaincre le peuple ? comment
le décider par tout autre motif que la confiance
qu'il avoit dans fes Chefs ? M. Harriffon m'a ra-
conté que lorfqu'il partit avec M. Jefferfon &
M. Lée pour fe rendre à Philadelphie où le premier Congrès fut affemblé , nombre d'habitans
confidérables, mais peu éclairés, les vinrent trouver & leur dirent : « Vous prétendez qu'on veut
» envahir nos droits & nos priviléges ; nous ne le
» voyons pas clairement, pourtant, nous le croyons
» puifque vous nous en affurez. Nous allons nous
» engager dans un pas dangereux ; mais nous avons
» confiance en vous & nous ferons tout ce que vous
» jugerez convenable » ? M. Harriffon ajouta qu'il
fe trouva très foulagé , lorfque peu de tems après

le Lord North fit un difcours dans lequel il ne put s'empêcher de manifefter le plan du gouvernement Britannique. Ce difcours fut imprimé dans les gazettes, & toute l'Amérique en retentit. Ayant eu depuis occafion de revenir en Virginie, il revit les mêmes perfonnes qui lui avoient parlé avant fon départ ; elles avouerent qu'il ne les avoit pas trompées, & déformais elles furent entierement réfolues à la guerre. Ces détails particuliers ne feront pas inutiles aux Européens qui voudront fe former une idée jufte des grands événemens auxquels ils ont pris tant d'intérêt. En effet, ils fe tromperoient infiniment, s'ils croyoient que tous les treize États de l'Amérique ont été toujours animés du même efprit & affectés des mêmes fentimens. Ils fe tromperoient encore davantage s'ils penfoient que ces peuples fe reffemblent par le gouvernement, les mœurs & les opinions. Il faut être dans le pays ; il faut en favoir la langue; il faut de plus, aimer à converfer & à écouter, pour être en état d'affcoir, même lentement, fon opinion & fon jugement. D'après cette réflexion, on ne doit pas être furpris que j'aye eu

du plaifir à m'entretenir avec M. Harriffon. D'ailleurs j'étois bien aife d'avoir lié connoiffance avec
un homme, dont le caractere eft eftimable à tous
égards, & dont on peut faire l'éloge en deux
mots, en difant qu'il eft ami intime de M. Franklin. Il voulut m'engager à dîner le lendemain
chez lui, & à paffer un jour de plus à Richmond ;
mais comme cette ville n'offroit rien qui pût in-
térefler ma curiofité, & que je voulois m'arrêter
encore à Weftover avant de retourner à Williamsburg, où j'étois preffé d'arriver, je partis le 27
à huit heures du matin, fous la conduite du
Colonel Harriffon, qui m'accompagna jufqu'à ce
qu'il m'eût mis dans un chemin où il me fût
impoffible de m'égarer. Je fis vingt-fix milles de
fuite par une grande chaleur, mais par un chemin très agréable, voyant à chaque inftant de
magnifiques habitations ; car les bords de la riviere de James font le jardin de la Virginie. Celles
de madame Bird, où j'allois, les furpaffent toutes
par la magnificence des bâtimens, par la beauté
de la fituation, & par l'agrément de la fociété
qu'on y trouve.

Madame Bird eſt veuve d'un Colonel qui a
ſervi dans la guerre derniere , & qui depuis a
été Membre du Conſeil du Roi. Ses talens, ſes
qualités perſonnelles & ſes richeſſes, car il poſſé-
doit des terres immenſes , avoient fait de lui un
des principaux perſonnages du pays ; mais il étoit
joueur & diſſipateur , & il a laiſſé à ſa mort des
affaires en très mauvais état. Il avoit quatre enfans
du premier lit, qui étoient déja établis, & il en
a laiſſé huit du ſecond , dont ſa veuve a pris ſoin.
Elle a conſervé ſa belle maiſon ſituée ſur la rive
de James , un riche mobilier , un nombre conſidérable d'eſclaves & quelques terres qu'elle a
fait valoir. C'eſt une femme de quarante-deux
ans , d'une figure agréable & de beaucoup d'eſprit. Parmi ſes huit enfans, elle a quatre filles, dont
deux approchent de l'âge de vingt ans & qui ſont
toutes aimables & bien élevées. Ses ſoins, ſon
activité ont réparé en quelque façon les diſſipa-
tions de ſon mari, & ſa maiſon eſt encore la plus
renommée & la plus agréable des environs. Elle
a cependant éprouvé de nouveaux malheurs : trois
fois les Anglois ſont deſcendus à Weſtover même,

sous la conduite d'Arnold & du Général Cornwallis ; & quoique ces visites lui aient coûté cher, l'attachement que son mari avoit pour l'Angleterre, où son fils aîné sert encore ; ses liaisons de parenté avec Arnold, dont elle est cousine germaine, & peut-être aussi la jalousie qu'elle a inspirée autrefois à ses voisins, ont fait soupçonner que ce n'étoit pas seulement la raison de guerre qui avoit déterminé les ennemis à débarquer toujours chez elle : on l'a même accusée de quelque connivence avec eux, & on est venu une fois mettre le scellé sur ses papiers ; mais elle a fait tête à l'orage ; elle s'est défendue avec fermeté , & quoique son affaire ne soit pas encore terminée, il n'y a pas d'apparence qu'elle en éprouve d'autres désagrémens que celui d'avoir été inquiétée & soupçonnée. Ses deux filles aînées étoient venues l'hyver dernier à Villiamsburg, où elles avoient été très fêtées par M. de Rochambeau & par toute l'armée. Je les avois accueillies aussi de mon mieux & j'en avois reçu des remercimens de madame Bird, qui m'avoit fort invité à la venir voir ; ainsi je me trouvois en pays de connoissance.

Je retrouvai auſſi la jeune madame Bowling ; elle étoit venue chez M. *Mead*, ami & voiſin de madame Bird qui l'avoit invitée à dîner avec ſa compagnie. Je paſſai donc cette journée très agréablement. M. & madame Mead, que j'avois auſſi connus à Williamsburg engagerent la ſociété à venir dîner le lendemain chez eux. La riviere ſeule ſépare les deux maiſons, qui ſont pourtant éloignées l'une de l'autre de plus d'un mille ; mais comme elle a peu de pente, ſon extrême largeur n'empèche pas qu'on ne la paſſe très vîte. La maiſon de M. Mead n'eſt pas à beaucoup près auſſi belle que Weſtover ; mais elle eſt très bien accommodée en dedans & dans une ſituation charmante, car elle eſt préciſément vis-à-vis celle de madame Bird, qui, avec les différens annexes dont elle eſt entourée, a l'air d'une petite ville & forme l'aſpect le plus agréable. Le jardin de M. Mead, comme celui de Weſtover, eſt en terraſſe ſur le bord de la riviere. Il pourra devenir encore plus joli, ſi M. Mead conſerve ſa maiſon & y donne quelques ſoins ; car c'eſt un philoſophe d'une tournure d'eſprit aimable, mais

ſinguliere

finguliere fur-tout en Virginie, puifqu'il s'occupe rarement des affaires d'intérêt & qu'il ne peut prendre fur lui de faire travailler fes negres. Il eft même fi dégoûté d'une culture où il faut néceffairement employer des efclaves, qu'il eft tenté de vendre tout ce qu'il poffede en Virginie, pour aller vivre dans la nouvelle Angleterre. Madame Bird, qui eft chargée d'une famille nombreufe, ne peut pas pouffer la philofophie jufques-là; mais elle a grand foin de fes negres, les rend auffi heureux qu'il lui eft poffible, & leur fert elle même de médecin lorfqu'ils font malades. Elle a fait même des obfervations intéreffantes fur leurs maladies, & trouvé une méthode très falutaire pour traiter une efpece de fievre putride qui les emporte communément en peu de jours, & contre laquelle les médecins du pays n'ont eu aucun fuccès.

La journée du 29, que je paffai toute entiere à Weftover, ne fournit rien d'intéreffant à ce journal, fi ce n'eft quelques connoiffances que j'eus occafion d'acquérir fur deux fortes d'animaux d'une efpece très différente, les *efturgeons* & les *oifeaux-mouches*. Comme je me promenois au

bord de la riviere, je vis deux negres qui apportoient un immenſe eſturgeon : je leur demandai
comment ils l'avoient pris ; ils me dirent que,
dans la ſaiſon préſente, ils étoient ſi communs,
qu'on les prenoit aiſément à la Seine, & qu'on
en trouvoit quelquefois juſqu'à 15 ou 20 dans le
filet , mais qu'il y avoit une maniere bien plus
ſimple de les prendre, qui étoit celle qu'ils venoient
d'employer. Ces eſpeces de monſtres, qui ſont très
leſtes dans la ſoirée, au point qu'on les voit perpé-
tuellement ſauter très haut au-deſſus de la ſurface
de l'eau, ont coutume de dormir profondément
pendant le haut du jour. Deux ou trois negres ſe
promenent alors dans un petit bateau, munis d'une
longue corde armée d'un croc aigu, qu'ils tiennent
ſuſpendue comme une ſonde. Lorſqu'ils ſentent
que cette eſpece de ligne eſt arrêtée par un obſ-
tacle, ils la tirent à eux avec force, de maniere
qu'elle s'accroche à l'eſturgeon , qui eſt tiré hors
de l'eau, ou qui, après avoir fait de vains efforts
& avoir perdu tout ſon ſang , vient enfin flotter
à la ſurface, où il eſt aiſément pris.

Quant aux oiſeaux-mouches, je les voyois pour

la premiere fois, & je ne pouvois me laſſer de les obſerver. Les murs du jardin et de la maiſon étoient garnis de chevrefeuilles ; c'étoit une ample moiſſon pour ces charmans petits animaux. Je les voyois ſans ceſſe voltiger ſur les fleurs où ils pren‑nent leur nourriture, ſans jamais ſe poſer ; car c'eſt en ſe ſoutenant ſur leurs ailes, qu'ils inſinuent leurs becs dans le calice de ces fleurs. Quelquefois ils ſe perchent, & ce n'eſt jamais que pour un moment. Alors ſeulement on peut admirer la beauté de leurs plumages ; ſur-tout lorſqu'ils ſont oppoſés au ſoleil, et qu'en remuant la tête, ils font voir l'émail brillant de leur collier rouge, qui a tout l'éclat du rubis ou du diamant. Il n'eſt point vrai qu'ils ſoient d'un naturel colere, & qu'ils mettent en pieces les fleurs dans leſquelles ils ne trouvent pas de miel : non ‑ ſeu‑lement je ne l'ai vu ni à Weſtover, ni depuis à Williamsburg ; mais les gens du pays m'ont aſſuré qu'ils ne l'avoient jamais obſervé. Ces oiſeaux ne paroiſſent qu'avec les fleurs, & diſparoiſſent avec elles, ſans qu'on ſache ce qu'ils deviennent. Plu‑ſieurs perſonnes croient qu'ils ſe cachent, & reſtent engourdis pendant le reſte de l'année. En effet ,

il eſt difficile de concevoir comment leurs ailes,
qui ſont ſi légeres & ſi tenues qu'on ne les apperçoit plus pour peu qu'ils les agitent, pourroient
réſiſter aux vents, & les tranſporter dans des climats
éloignés. Ils ne ſont pas farouches : j'en ai vu un
qu'on avoit pris peu de jours auparavant ; il n'étoit
point effrayé des gens qui le regardoient ; il vol-
tigeoit dans la chambre comme dans un jardin,
& venoit ſucer les fleurs qu'on lui préſentoit, mais
il n'a pas vécu plus de 8 jours. Ces oiſeaux aiment
tant le mouvement, qu'il eſt impoſſible qu'ils conſervent la vie, ſans conſerver la liberté la plus abſolue. Il eſt même très difficile de les prendre, à moins
qu'il ne leur arrive, comme à celui dont je viens
de parler , d'entrer imprudemment dans une
chambre , ou d'y être pouſſé par le vent. Un
habitant du pays, qui ſe plaiſoit à en embaumer
pour les placer dans ſon cabinet, a trouvé un moyen
très ingénieux de les tuer ſans les gâter ; ce qui eſt
fort difficile , car un grain de cendrée eſt un boulet
de canon pour un ſi petit animal. Il imagina de
charger ſon fuſil avec une veſſie remplie d'eau.
L'exploſion de cette eau ſuffiſoit pour renverſer

l'oiseau - mouche & lui faire perdre tout mouvement.

Affurément on ne m'accufera pas de fuivre une
marche oratoire & de réferver les grands objets
pour la fin de mon difcours; car c'eft ici que je
finirai ce journal. Il feroit fans doute inutile de
parler de mon retour à Williamsburg; à moins
qu'on ne regardât comme une chofe digne d'être
remarquée, que le *Chikahominy*, qui n'eft qu'une
riviere fecondaire, puifqu'elle fe jette dans celle
de James, eft pourtant fi large à 6 milles de fon
confluent, que j'ai été trois quarts-d'heure à la paffer.
Mais fi l'on veut bien me prêter encore quelque
attention, je terminerai ce long récit de mon court
voyage par quelque confidération fur un pays que
j'ai affez parcouru & affez habité pour le bien
connoître.

Les Virginiens different effentiellement des
peuples qui habitent au nord & à l'eft de la baie,
non-feulement par la nature de leur climat, par
celle de leur fol & par la culture qui lui eft propre,
mais encore par ce caractere indélébile que toute
nation acquiert au moment de fon origine, & qui

se perpétuant de race en race, justifie ce grand principe, que *tout ce qui est participe de ce qui a été*. La découverte de la Virginie date de la fin du seizieme siecle, & l'établissement de la colonie eut lieu au commencement du dix-septieme. Ces événemens se passerent sous les regnes d'Elisabeth & de Jacques premier. Alors l'esprit républicain & démocratique n'étoit pas encore commun en Angleterre ; celui du commerce & de la navigation naissoit à peine, & les longues guerres avec la France & l'Espagne avoient perpétué, sous une autre forme, le même esprit militaire que Guillaume le Conquérant, Richard Cœur de Lion, Edouard III & le Prince Noir lui avoient donnés. On ne voyoit plus de chevaliers comme du tems des croisades, mais, à leur place, nombre d'aventuriers qui servoient indifféremment leur patrie & les puissances étrangeres, de gentilshommes qui dédaignoient l'agriculture et le commerce, & qui n'avoient d'autre profession que celle des armes ; car alors l'esprit militaire maintenoit les préjugés favorables à la noblesse, dont il a été long-tems inséparable ; & d'ailleurs la noblesse de pairie étant moins commune en Angleterre, celle d'extraction avoit conservé plus d'éclat et plus de confiftance. Les premiers colons de la Virginie furent compofés, en grande partie, de ces militaires & de ces gentilshommes, dont quelques-uns cherchoient la fortune, et quelques autres, les aventures. En effet, fi l'établiffement d'une colonie exige toute l'induftrie du commerçant & du cultivateur, la découverte, la conquête des terres nouvelles, tient plus particuliérement aux idées guerrieres & romanefques. Auffi la premiere compagnie qui obtint la propriété exclufive de la Virginie, fut-elle compofée, en grande partie, des hommes les plus diftingués par le rang ou par la naiffance ; & quoique tous ces illuftres actionnaires ne foient pas devenus colons, plufieurs d'entr'eux n'ont pas craint de paffer les mers, & l'on compte un lord *Delaware* parmi les premiers gouverneurs de la Virginie. Il étoit donc naturel que les nouveaux colons, remplis des principes militaires & des préjugés de la nobleffe, les portaffent au milieu même des Sauvages dont ils venoient ufurper les terres ; & fans doute de toutes les idées Euro-

péennes, ce font celles que ces peuples grossiers
conçurent le plus aisément. Je sais qu'il ne reste
plus qu'un petit nombre de ces anciennes familles;
mais elles ont conservé une grande considération,
& la premiere impulsion une fois donnée, il n'est
plus au pouvoir d'aucun législateur, du tems même,
d'en détruire l'effet. Le Gouvernement peut bien
devenir démocratique, comme il l'est au moment
présent; mais l'esprit national, l'esprit même du
Gouvernement sera toujours aristocratique. On
n'en pourra pas douter, si l'on considere qu'une
autre cause agit encore en concurrence avec la
premiere: je veux parler de l'esclavage; non que
ce soit une marque de distinction & un privilége
particulier d'avoir des negres, mais parce que
l'empire qu'on exerce sur eux, entretient la vanité
& la paresse, deux sortes de vices qui s'accordent
merveilleusement avec les préjugés déjà établis.
On demandera sans doute comment ces préjugés
ont pu s'arranger avec la révolution actuelle dont
les principes sont si différens. Je répondrai qu'ils
y ont peut-être concouru; que peut-être, tandis
que la Nouvelle-Angleterre se révoltoit par raison

& par calcul, la Virginie se révoltoit par orgueil. Je dirai encore ce que j'ai donné à entendre plus haut, c'est que, dans le principe, l'indolence même de ce peuple a pu lui être utile, parce qu'il a été obligé de s'en rapporter à un petit nombre de citoyens vertueux & éclairés qui l'ont mené plus loin qu'il n'auroit été, s'il avoit marché sans guide, & consulté ses propres dispositions. Car il faut avouer que, dans le commencement des troubles, la Virginie se montra de très bonne grace ; qu'elle fut la premiere à offrir des secours aux Bostoniens, & la premiere aussi à mettre sur pied un corps de troupes considérable; mais on peut observer aussi que, dès que la nouvelle législation fut établie, & qu'au lieu de chefs, on eut un gouvernement, alors les citoyens ayant part à ce gouvernement, l'esprit national prévalut, & tout alla de mal en pis. Ainsi les Etats, comme les individus, naissent avec une complexion particuliere, dont le régime & les habitudes peuvent prévenir les mauvais effets, mais qu'on ne peut entiérement changer; ainsi les législateurs, comme les médecins, ne doivent jamais se flatter de donner à leur gré un tempé-

rament particulier aux corps politiques, mais s'attacher à connoître celui qu'ils ont déjà, & à combattre les inconvéniens, comme à multiplier les
avantages qui peuvent en résulter. Un coup-d'œil
général sur les différens Etats de l'Amérique ser-
vira à justifier cette opinion. Les peuples de la
Nouvelle-Angleterre ne vinrent s'établir dans le
nouveau monde que pour se dérober au pouvoir
arbitraire de leurs monarques qui, à-la-fois souverains de l'Etat & chefs de l'Eglise, exerçoient
alors la double tyrannie du despotisme & de l'into-
lérance. Ce n'étoient pas des aventuriers, c'étoient
des hommes qui vouloient vivre en paix, & qui
travailloient pour vivre. Leur doctrine enseignoit
l'égalité & recommandoit le travail & l'industrie.
Comme la terre, peu fertile par elle-même, ne
fournissoit que de médiocres ressources, ils se
livroient à la pêche & à la navigation : & au
moment présent, ils sont encore amis de l'industrie
& de l'égalité ; ils sont pêcheurs & navigateurs.
L'Etat de New-York & les Jerseys furent peuplés
par des Hollandois nécessiteux à qui la terre manquoit dans leur patrie, & qui s'occuperent bien plus

de l'économie domestique que du gouvernement
public. Ces peuples ont conservé le même esprit :
leurs intérêts, leurs efforts sont, pour ainsi dire,
individuels; leurs vues sont concentrées dans leurs
familles, & ce n'est que par nécessité que ces familles
forment un Etat. Aussi, lorsque le général Burgoyne a marché sur Albany, ce sont les nouveaux
Anglois qui ont le plus contribué à arrêter ses progrès ; & si les habitans de l'Etat de New-York &
de celui des Jerseys ont souvent pris les armes &
montré du courage, c'est que les premiers étoient
animés par une haine invétérée contre les Sauvages
dont les Anglois se faisoient toujours précéder, &
que les autres avoient à se venger des excès dont
les troupes ennemies s'étoient rendues coupables,
lorsqu'elles avoient envahi leur pays. Si vous allez
plus au sud, & que vous passiez la Delaware, vous
trouverez que le gouvernement de la Pensylvanie,
dans son origine, étoit fondé sur deux principes
très opposés : c'étoit un gouvernement de propriété, un gouvernement féodal en lui même, ou
si l'on veut, patriarchal, mais dont l'esprit étoit la
plus grande tolérance & la liberté la plus entière.

La famille de Penn eut d'abord la vaine idée d'établir une efpece *d'Utopie*, de gouvernement parfait, & enfuite celle de tirer le plus grand parti de fon immenfe propriété, en attirant des étrangers de tous côtés. Il en eft réfulté que le peuple de la Penfylvanie n'a aucune identité; qu'il eft mêlé & confus, & plus attaché à la liberté individuelle qu'à la liberté publique, plus enclin à l'anarchie qu'à la démocratie. Le Maryland, foumis d'abord au gouvernement propriétaire, & confidéré comme un fimple domaine, a été longtems dans la dépendance la plus abfolue. Voici la premiere fois qu'il mérite d'être regardé comme un Etat; mais cet Etat paroît fe former fous de bons aufpices. Il peut être beaucoup après la révolution actuelle, parce qu'il n'étoit rien auparavant. Reftent les deux Carolines & la Georgie; mais ces trois Etats ne me font pas affez connus pour les foumettre à des obfervations qui peuvent n'être pas auffi juftes qu'elles me le paroiffent, mais qui font du moins délicates, & exigent plus qu'un examen fuperficiel. Je fais feulement que la Caroline du nord, peuplée en grande partie d'Ecoffois que la pauvreté plutôt que l'induftrie y

a conduits, eft livrée au brigandage & aux dif-
fentions intérieures; que celle du fud, ayant un
commerce tout entier d'exportation, doit fon exif-
tence à fes ports de mer, & fur-tout à la ville de
Charleftown, qui s'eft augmentée rapidement, &
qui eft devenue une ville de commerce, où les
étrangers ont abondé, comme à Marfeille & à
Amfterdam; qu'en conféquence les mœurs y font
douces & faciles; qu'on aime le plaifir, les arts &
la fociété, & qu'en général ce pays eft plus Européen que le refte de l'Amérique.

Maintenant fi cette efquiffe a quelqu'exactitude,
je demande qu'on veuille bien comparer l'efprit
des Etats de l'Amérique avec leur gouvernement
actuel. Je demande qu'on le compare dans le
moment préfent, dans 20 ans, dans 50 ans d'ici, &
je fuis perfuadé qu'encore que ces gouvernemens
fe reffemblent tous, puifqu'ils font tous démocratiques, on retrouvera toujours les traces de l'efprit
antérieur, de celui qui a préfidé à la formation des
peuples & à l'établiffement des nations.

La Virginie confervera ce caractere diftinctif
plus long-tems que les autres Etats; foit que les

préjugés foient d'autant plus durables qu'ils font
plus abfurdes & plus frivoles ; foit que ceux qui
ne bleffent qu'une partie du genre humain, foient
plus remarqués que ceux qui en affectent la tota-
lité. Dans la révolution préfente, les anciennes
familles ont vu avec peine des hommes nouveaux
occuper des places diftinguées dans l'armée & dans
la magiftrature. Les Torys en ont même tiré avantage pour refroidir les moins zélés d'entre les
Whigs ; mais le parti populaire n'a pas cédé, &
l'on regrette feulement qu'il n'ait pas la même
activité pour combattre les Anglois que pour dif-
puter des préféances. Il eft à craindre cependant
qu'à la paix, les circonftances lui devenant moins
favorables, il ne foit obligé de céder tout-à-fait,
ou du moins de fe maintenir par les factions, ce
qui troubleroit néceffairement l'ordre de la fociété.
Mais fi la raifon doit rougir de voir de pareils
préjugés fi fortement établis chez des peuples nouveaux, l'humanité a plus à fouffrir de l'état de
pauvreté, dans lequel vivent un grand nombre de
blancs en Virginie. C'eft-là que, depuis que j'ai
paffé les mers, j'ai vu pour la premiere fois des

pauvres. En effet, parmi ces riches plantations où
le negre seul est malheureux, on trouve souvent
de misérables cabanes habitées par des blancs, dont
la figure have & l'habillement déguenillé annon-
cent la pauvreté. D'abord j'avois peine à m'expliquer
comment, dans un pays où il y a encore tant de
terres à défricher, des hommes, qui ne se refusent
pas au travail, pouvoient rester dans la misere;
mais j'ai su que toutes ces terres inutiles, ces biens
immenses, dont la Virginie est encore couverte,
reconnoissoient des propriétaires. Rien de plus
commun que d'en voir qui possedent 5 ou 6 milles
acres de terre, mais qui n'en exploitent que la
quantité que leurs negres peuvent cultiver. Cependant ils ne voudroient pas en donner, ni même en
vendre la plus petite partie, parce qu'ils sont attachés
à leurs possessions, & qu'ils esperent toujours augmenter par la suite le nombre de leurs Negres. Ces
blancs, sans fortune & souvent aussi sans industrie,
sont donc restraints de tous côtés & réduits au petit
nombre d'acres de terre qu'ils ont pu acquérir. Or
la terre n'étant pas généralement bonne en Amérique, & sur-tout en Virginie, il en faut beaucoup

pour défricher avec fuccès, parce que ce font les beftiaux qui aident & qui font vivre les cultivateurs. On voit beaucoup de défrichemens dans l'eft; mais les portions de terre qu'on y achete aifément & à très vil prix, font toujours de deux cents acres au moins. D'ailleurs, dans le fud, le climat eft moins fain, & les nouveaux colons, fans participer à la richeffe de la Virginie, participent aux inconvéniens du climat, & même à la pareffe qu'il infpire.

Au-deffous de cette claffe d'habitans, il faut placer les negres, qui feroient encore plus à plaindre qu'eux, fi leur infenfibilité naturelle n'atténuoit pas en quelque façon les peines attachées à l'efclavage. En les voyant mal logés, mal vêtus, & fouvent accablés de travail, je croyois que leur traitement étoit auffi rigoureux que par-tout ailleurs; cependant on m'a affuré qu'il étoit infiniment doux en comparaifon de celui qu'ils éprouvent dans les colonies à fucre. En effet, on n'entend pas habituellement, comme à Saint-Domingue & à la Jamaïque, le bruit des fouets & les cris des malheureux dont on déchire le corps par lambeaux.

C'eft

C'eſt qu'en général le peuple de Virginie eſt plus doux que celui des colonies à ſucre, qui eſt tout compoſé de gens avides & preſſés de faire fortune pour s'en retourner enſuite en Europe ; c'eſt que le produit de la culture n'étant pas d'une ſi grande valeur, le travail n'eſt pas exigé avec tant de ſévé-rité ; & pour tout dire à charge & à décharge, c'eſt que les negres, de leur côté, y ſont moins fourbes & moins voleurs que dans les îles, parce que la propagation de l'eſpece noire étant ici très rapide & très conſidérable, la plupart des negres ſont nés dans le pays, & on remarque que ceux-là ſont communément moins dépravés que ceux qu'on a importés d'Afrique. Il faut auſſi rendre cette juſtice aux Virginiens, c'eſt que pluſieurs d'entre eux traitent leurs negres avec beaucoup d'huma-nité. Il faut encore leur en rendre une autre, qui leur eſt plus honorable, c'eſt qu'en général ils paroiſſent affligés d'en avoir, & qu'ils parlent ſans ceſſe d'abolir l'eſclavage & de chercher un autre moyen de faire valoir leurs terres. Il eſt vrai que cette opinion, preſqu'univerſellement établie, eſt inſpirée par différens motifs. Les phi-

Tome II.   K

lofophes, & les jeunes gens qui font la plupart
élevés dans les principes de la bonne philofophie,
n'envifagent que la juftice & les droits de l'humanité. Les peres de famille & ceux qui font occupés
principalement de leurs intérêts, fe plaignent que
leurs negres leur coûtent bien cher à entretenir;
que le travail qu'on en exige, n'eft ni auffi fruc-
tueux ni à auffi bon marché que celui des jour-
naliers ou des domeftiques blancs; enfin que les
épidémies, qui font très communes, rendent leur
propriété très précaire & leur revenu très incer-
tain. Quoi qu'il en foit, il eft heureux que différens motifs concourent à dégoûter les hommes
de cette tyrannie qu'ils exercent, du moins fur leur
propre efpece, fi on ne peut pas dire, dans la
rigueur du terme, fur leurs femblables; car plus
on obferve les negres, plus on fe perfuade que
la différence qui les diftingue de nous, ne confifte
pas feulement dans la couleur. Au refte, on ne
peut pas fe diffimuler que c'eft un point extrè-
mement délicat que l'abolition de l'efclavage en
Amérique. Les negres de la Virginie font au
nombre de deux cens mille. Ils égalent au moins,

s'ils n'excedent pas, la proportion des blancs. Néceffairement unis d'intérêt par la conformité de leur fituation, & ralliés par la marque diftinctive que leur imprime leur couleur, ils feroient fans doute un peuple à part, & un peuple dont on ne pourroit attendre ni fecours, ni vertu, ni travail. On n'a pas fait affez d'attention à la différence qui exifte entre l'efclavage, tel que nous l'avons confervé dans nos colonies, & l'efclavage tel qu'il étoit généralement établi parmi les anciens. Un efclave blanc n'avoit d'autre motif d'humiliation que fa condition actuelle ; s'il étoit affranchi, il fe mêloit auffitôt avec les hommes libres, & devenoit leur égal. De-là cette émulation parmi les efclaves, foit pour obtenir leur liberté comme une faveur, foit pour l'acheter du profit de leur travail. Il en réfultoit deux avantages, la poffibilité de les affranchir fans danger, & cette ambition prefque généralement établie parmi eux, qui tournoit au profit des mœurs & de l'induftrie. Mais, dans le cas préfent, ce n'eft pas feulement l'efclave qui eft au-deffous du maître, c'eft le Negre qui eft au-deffous du blanc. L'affranchiffement ne peut

K 2

faire difparoître cette malheureufe diftinction ; auffi
ne voit-on pas que les negres foient très empreffés
d'obtenir leur liberté, ni très flattés de l'avoir obte-
nue : les negres libres vivent avec les negres efclaves
& ne vivent jamais avec les blancs ; de forte que
l'intérêt feul leur fait defirer de fortir de l'efclavage, lorfqu'ils ont une induftrie particuliere, &
qu'ils veulent s'en affurer le produit. Il paroît donc
qu'on ne peut abolir l'efclavage qu'en fe débarraffant
des negres, & cette mefure ne peut être prife
que graduellement. Le meilleur moyen feroit
d'exporter un grand nombre de mâles, & de favo-
rifer les mariages des blancs avec les negreffes.
Pour cela, il faudroit abroger la loi qui veut que
l'efclavage fe tranfmette par les meres, ou du
moins ordonner que toute efclave deviendroit libre
en époufant un homme libre. Peut-être, par refpect
pour la propriété, conviendroit - il d'exiger de
celui-ci une compenfation que la loi fixeroit, foit
en travail, foit en argent, pour indemnifer le
propriétaire de l'efclave ; mais toujours eft-il certain que cette loi, aidée d'un commerce moins
licite, mais déjà bien établi entre les blancs &

les negreſſes, donneroit naiſſance à une race de mulâtres, qui en produiroit une autre de quarterons, & ainſi de ſuite juſqu'à ce que la couleur fût totalement changée.

En voilà aſſez ſur cet objet qui n'a pas échappé à la politique & à la philoſophie de nos jours. Je dois ſeulement m'excuſer de l'avoir traité ſans déclamation ; mais j'ai toujours penſé que l'éloquence ne peut influer que ſur les réſolutions du moment, & que tout ce qui ne ſe fait qu'avec le tems ne peut être fait que par la raiſon. Au reſte il eſt aiſé d'ajouter dix ou douze pages à ce petit nombre de réflexions qu'on peut conſidérer comme une ſymphonie compoſée ſeulement des parties principales, *con corni ad libitum.*

Nous avons vu quels étoient en Virginie les inconvéniens de l'eſclavage & de la trop grande étendue des poſſeſſions : examinons à préſent le petit nombre d'avantages qui en réſultent. Les Virginiens paſſent avec raiſon pour vivre noblement chez eux & pour être hoſpitaliers ; ils reçoivent volontiers les étrangers & les reçoivent bien. C'eſt que d'un côté n'ayant point de villes

où ils puiffent fe raffembler , ils ne connoiffent
gueres la fociété que par les vifites qu'ils font
& qu'ils reçoivent ; & de l'autre , que leurs terres
& leurs efclaves leur fourniffant les denrées &
les mains-d'œuvre dont ils ont befoin , cette hofpitalité fi renommée ne leur eft aucunement à
charge. Leurs maifons font fpacieufes & bien or-
nées , mais les logemens n'y font pas commodes :
on ne craint pas de mettre trois ou quatre perfonnes dans une même chambre , & celles-ci ne
craignent pas non plus de fe trouver ainfi entaffées ,
parce que ne connoiffant pas le befoin de lire &
d'écrire , il ne leur faut dans toute la maifon qu'un
lit , une falle à manger & une falle de compagnie.
La principale magnificence des Virginiens confifte
en meubles , en linge & en vaiffelle d'argent ,
de forte qu'elle reffemble à celle de nos peres qui
n'avoient dans leur château ni cabinets ni garde-
robe , mais feulement une cave bien garnie &
un beau buffet. Si quelques fortunes fe diffipent ,
c'eft par le jeu , la chaffe & les courfes de chevaux ; mais ces dernieres ont quelqu'utilité en ce
qu'elles encouragent l'éducation des chevaux ,

dont la race eſt réellement très belle en Virginie. On voit que les femmes ont peu de part aux amuſemens des hommes : la beauté ne ſert gueres ici qu'à trouver des maris ; car les gens les plus riches ne donnant qu'une dot très modique à leurs filles, c'eſt ordinairement la figure qui décide de leur fortune. Il en réſulte qu'elles ſont ſouvent coquettes & bégueules avant le mariage, & triſtes & ennuyeuſes après. La commodité d'être ſervies par des eſclaves augmente encore leur indolence naturelle ; elles en ont toujours un grand nombre autour d'elles pour les ſervir, & ſervir leurs enfans, auxquels elles ſe contentent de donner à téter. Elles s'en occupent, ainſi que leurs maris, tant qu'ils ſont petits, & les négligent quand ils ſont grands. En général on peut dire des Américains comme des Anglois, qu'ils aiment beaucoup leurs *jeunes* & ſe ſoucient fort peu de leurs enfans. Peut-être feroit-il délicat d'examiner ſi ce ſentiment n'eſt pas dans la nature, & ſi celui qui le combat chez nous n'eſt pas l'amour-propre ou l'ambition ; mais on pourra toujours aſſurer avec confiance que le ſoin que nous prenons des nôtres eſt un moyen de nous attacher à eux & de nous les attacher, dont on ne peut contester la noblesse & l'utilité.

Je voulois parler des vertus qui sont particulieres aux Virginiens, & malgré moi j'en suis resté à la magnificence & à l'hospitalité. Je n'ai pu y ajouter la générosité; car ils sont très attachés à leurs intérêts, & leurs grandes richesses jointes à leurs prétentions, rendent encore ce vice plus difforme. J'aurois dû d'abord traiter l'article de la religion; mais elle n'offre rien de remarquable dans ce pays-ci, que la maniere dont on sait s'en passer. Celle qui dominoit avant la révolution étoit la religion anglicane : on sait qu'elle exige l'épiscopat & que tout prêtre doit être ordonné par un Évêque. Avant la guerre, on alloit en Angleterre étudier & se faire ordonner. Il est donc impossible dans les circonstances présentes, de remplacer les places de Pasteurs qui sont venus à vaquer. Qu'en est-il résulté? Les églises sont restées fermées ; on s'est passé de Pasteur & on n'a pas même songé à aucun arrangement pour établir par la suite une église anglicane, indépendante de l'Angleterre. La tolérance la plus abfolue a été établie ; mais les autres communions ne fe font pas enrichies des pertes qu'a fait la premiere, chacun eft refté comme il étoit, & cette efpece d'interregne religieux n'a caufé aucun défordre. D'ailleurs le Clergé a reçu un rude échec par la conftitution nouvelle, qui lui interdit toute part au gouvernement, même celle de fimple votant dans les élections. Il eft vrai que les juges & les gens de loi ont été foumis à la même exclufion, mais c'eft par un autre motif ; on n'a pas voulu que les affaires publiques fuffent en concurrence avec celles des particuliers. On a craint la réaction des unes fur les autres ; enfin on a voulu former dans l'État une efpece de corps féparé fous le nom de corps judiciaire. Peut-être ces vues font-elles bonnes en elles-mêmes ; mais il en eft réfulté un inconvénient pour le moment préfent ; les gens de loi qui font certainement les plus éclairés, fe trouvent éloignés des confeils civils, & l'adminiftration eft confiée à des hommes ignorans, ou pour le moins inexperts. C'eft la principale objection qu'on fait dans le pays contre

la forme actuelle du gouvernement, qui d'ailleurs
me paroît bonne à bien des égards. Elle eft imprimée par-tout, & tout le monde eft à portée de
fe la procurer. Cependant fi on veut en trouver ici
une efquiffe, je dirai en peu de mots qu'elle eft
compofée : 1°. De l'affemblée des Députés nommés par les villes & les comtés, ce qui répond
à la Chambre des Communes. 2°. D'un Sénat,
dont les Membres font élus par plufieurs comtés
réunis, en plus ou moins grand nombre, fuivant
la population de ces comtés, ce qui répond à la
Chambre des Pairs. 3°. D'un Confeil exécutif
préfidé par le Gouverneur, & dont les Membres
font choifis par les deux Chambres ; ce qui tient
lieu du pouvoir exécutif que le Roi exerce en
Angleterre.

Ce n'eft point le hafard qui m'a fait rejetter
à la fin de mes réflexions fur la Virginie, ce qui
concerne les progrès des arts & des fciences dans
ce pays ; c'eft plutôt parce qu'après avoir porté
fon attention fur les différentes inftitutions hu-
maines, l'efprit fe repofe avec plaifir fur celles qui
tendent à la perfection de l'entendement & aux

progrès des connoiſſances ; c'eſt ſur-tout parce que m'étant trouvé engagé à parler de cet État moins avantageuſement que je ne l'aurois defiré, j'aime à finir par un article, qui eſt tout à ſa louange. Je dirai donc que le Collége de William & de Mary, dont le nom ſeul fait connoître les Fondateurs, eſt un magnifique établiſſement qui embellit Williamsburg & honore la Virginie. Je dirai que la beauté de l'édifice eſt ſurpaſſée encore par la richeſſe de la bibliotheque, & le mérite de de celle-ci par celui de pluſieurs Profeſſeurs diſtingués, tels que les Docteurs *Madiſſon*, *Wythe*, *Bellini*, &c. &c. qu'on peut regarder comme des livres vivans où l'on trouve à la fois des préceptes & des exemples. J'ajouterai que le zèle de ces Profeſſeurs a déja été couronné par un ſuccès très marqué, & qu'on a vu ſe former ſous leurs yeux des ſujets diſtingués, déjà prêts à ſervir utilement leur patrie dans différens emplois ; & parmi ceux-ci je me plais à nommer M. *Short*, avec qui j'ai été lié d'une maniere particuliere. Enfin après avoir rendu juſtice aux travaux de l'Univerſité de Williamsburg, car le collége de

William & de Mary en est une ; s'il falloit encore pour sa gloire citer des miracles , je dirois qu'elle m'a fait Docteur en droit.

A Williamsburg , le 1ᵉʳ Mai 1782.

VOYAGE

DANS LE NEW-HAMPSHIRE,

l'État de Maſſachuſſet & la Haute Penſylvanie.

M. LE Baron de Viomenil ayant rejoint l'armée dans le commencement d'Octobre , je devois naturellement lui remettre le commandement de la premiere diviſion ; de ſorte que je n'avois plus d'emploi néceſſaire , à moins que je ne priſſe le commandement de la ſeconde diviſion , dont j'aurois alors privé le Comte de Viomenil , ce qui étoit très loin de ma penſée : il n'auroit donc tenu qu'à moi de retourner à Philadelphie attendre M. de Rochambeau , qui devoit y revenir après avoir conduit les troupes dans l'eſt ; mais mon départ auroit trop dénoté l'intention d'embarquer les troupes , & on vouloit la tenir ſecrette , du moins juſqu'à ce qu'elles fuſſent arrivées à Hartford : d'un autre côté , le Comte de Viomenil ayant envie d'aller à Saratogha , le Baron de Viomenil deſir-

que je gardaffe le commandement de la premiere
divifion, & il marcha avec la feconde. Je fis donc
encore le facrifice de quinze jours de fatigue &
d'ennai, & je marchai avec les troupes jufqu'à
Hartford. Je me réfignai également à ne retourner
dans le fud qu'avec M. le Comte de Rochambeau,
& après que les troupes feroient embarquées. Mais
je voulus profiter au moins de ces circonftances
pour voir la haute partie de l'Etat de Maffachuffet
& le New-Hampshire, où je n'avois pas eu le tems
de voyager. Je partis donc de Hartford le 4 Novembre, le même jour que M. le Comte de Rochambeau fe mit en marche avec la premiere
divifion pour aller camper à Bolton. Il étoit deux
heures après midi lorfque je montai à cheval; mes
compagnons de voyage étoient MM. Linch, de
Montefquieu, Bofon de Taleyrand & de Vaudreuil. Nous fuivîmes la route de Bolton jufqu'à
une croifée de chemin qui eft à-peu-près à trois
milles en-deçà du Meeting : on y a placé une pierre
qui indique la direction des deux routes. Nous
prîmes à gauche pour nous rendre chez M. Kindall,
dont l'auberge eft dans le township de *Coventry* à

dix-fept milles de Bolton & à quatre milles de la
croifée des chemins. Nous le rencontrâmes au bout
d'un quart-d'heure : il étoit à cheval, & il alloit
porter à M. de Rochambeau des lettres de M. le
Marquis de Vaudreuil, Commandant de l'efcadre ;
car cette route, qui eft la plus courte pour aller
de Bofton à Hartford, eft celle où étoit placée la
chaîne d'exprès pour communiquer entre la flotte,
l'armée & Philadelphie. M. de Montefquieu l'accompagna jufqu'à Bolton, pour favoir fi les lettres
qu'il portoit, ne contenoient aucune nouvelle intéreffante. Comme nous n'allions pas vîte, il nous
rejoignit une demi-heure après. Les lettres de
M. de Vaudreuil n'étoient que de fimples réponfes
à celles par lefquelles on lui avoit envoyé les états
d'embarquement. Avant d'arriver chez M. Kindall,
je paffai devant une hutte qui méritoit à peine le
nom de *lug-houfe*, & qui n'étoit pas à moitié couverte ; elle étoit cependant habitée par un homme
qui nous parla françois : c'étoit un Canadien qui
étoit journalier, & qui avoit changé plufieurs fois
de demeure ; il avoit fept enfans. Nous fûmes fort
bien logés & fort bien traités dans l'auberge de

M. Kindall : c'eft en effet un homme au-deffus du commun, & qui eft plus commerçant encore que fermier ; il fe mit à table avec nous, & nous fûmes très contens de fa converfation.

Le 5, nous partîmes à huit heures & demie du matin, & nous voyageâmes dans un pays très agréable & très varié, trouvant à chaque inftant de jolies habitations. Le terrein eft inégal, mais les montagnes ne font ni hautes ni efcarpées. Nous nous arrêtâmes, pour faire rafraîchir nos chevaux, dans l'auberge de M. Clark ; elle eft fituée dans le township de *Ashford*, au bord du ruiffeau de *Monthope*, en-deçà d'une riviere marquée fur la carte fous le nom de *Monchoas*, & d'une branche de cette riviere appellée *Bigslack*. Nous repartîmes à deux heures après midi. Le pays que nous traversâmes, étoit encore très agréable : je fus frappé particuliérement de la pofition où fe trouve le meeting de *Woodstock* ; il eft placé fur une hauteur qui domine un pays très riant & très peuplé. Il y a plufieurs auberges autour de ce meeting, mais nous ne nous y arrêtâmes pas, & nous allâmes chercher à trois milles & demi plus loin l'auberge

de

de madame Chandler. Notre journée fut de trente-trois milles, dont dix-sept depuis *Clark's* jusqu'à *Chandler's tavern*. Cette auberge est tenue par une veuve; elle étoit absente, & il n'y avoit à la maison qu'une vieille servante qui reçut très mal M. Linch notre précurseur. Je le trouvai fort attristé de ce qu'on ne vouloit faire aucun préparatif, pas même tuer des poulets, avant que la maitresse de la maison eût donné ses ordres. Heureusement elle arriva au bout d'un quart-d'heure dans une espece de chaise à un cheval, & je trouvai que c'étoit une femme très douce & très honnête. Nous eûmes un souper passable, & nous fûmes logés très proprement.

Le 6, nous partîmes de Chandler's tavern vers dix heures du matin. J'avois été prevenu que, lorsque je serois arrivé à *Oxford*, il seroit nécessaire que je m'informasse de la route chez un aubergiste appellé M. *Lord:* sa maison n'étoit qu'à douze milles de l'endroit d'où j'étois parti; mais le tems étoit si mauvais que je résolus de m'y arrêter une couple d'heures, pour attendre la fin d'une pluie à verse dont nous étions battus depuis le matin. Je pouvois prendre deux routes différentes; celle qui

paſſe par *Shrewsbury*, m'auroit mené à *Porſmouth*
plus directement ; mais je préférai celle de *Salton*
& de *Grafton*, qui me faiſoit paſſer par *Concorde*,
lieu fameux, parce que c'eſt là que le ſang a été
répandu pour la premiere fois, & que la guerre ci-
vile a commencé. La pluie parut diminuer un peu ;
je me remis en marche à deux heures, & je tra-
verſai Salton qui me parut un aſſez joli endroit,
& où je vis pluſieurs maiſons bien bâties. Mais la
pluie ayant redoublé, je fus contraint de m'arrêter,
ſept milles plus loin, à *Barons'tavern*. Nous y fûmes
très bien reçus. Nous nous féchâmes auprès d'un
bon feu, dans un très joli appartement orné de
bonnes eſtampes & de beaux meubles de bois de
Mohagoney ; & trouvant auſſi que, dans cette
maiſon, l'utile correſpondoit à l'agréable, nous
nous reconciliâmes avec le mauvais tems qui nous
avoit valu un ſi bon gîte.

Je partis de là à neuf heures du matin ; mon
chemin me conduiſt à travers de Grafton. Je paſſai
enſuite la riviere de *Blackſtone*, & j'arrivai à l'auberge de M. *Gates* à quinze milles de Baron's
tavern, voyageant toujours dans un pays très

agréable. Je remarquai que les prairies dont on
voit une grande quantité, étoient la plupart coupées
& arrosées par des rigoles dans lesquelles les eaux
étoient soutenues à mi-côte. Je demandai à M. Cabe
quelle valeur pouvoient avoir ces prairies ; il me
répondit qu'elles se vendoient dix, douze, & jufqu'à vingt dollards l'acre ; il en possédoit un sur
lequel il recueilloit quatre tonnes de foin dans une
seule récolte. On emploie les secondes herbes à
nourrir des bestiaux, pour faire du beurre & du
fromage, un des grands articles de commerce de
ce pays. La viande y vaut communément cinq sols
la livre de quatorze onces. Après avoir fait rafraîchir mes chevaux, je continuai ma route, passant
par *Malborough*, où on voit de belles maisons &
plus rassemblées que dans les autres villes ou township. J'entrai ensuite dans des bois qui me condui-
sirent jusqu'à la rivière de Concorde, ou autrement
dit, de *Billerica* ; on la passe sur un pont à-peu-
près à un mille du meeting & à la même distance
de l'auberge de M. *John*, où je n'arrivai qu'à près
de neuf heures. C'est une excellente auberge, dont
le possesseur est un Whig très décidé : il a même

joué un rôle dans l'affaire de Concorde (1). En effet, le Major *Pitcarn*, qui commandoit les Anglois dans cette occasion, avoit logé plusieurs fois chez lui, lorsqu'il voyageoit dans le pays, le plus souvent déguisé; car il ne s'étoit pas fait une difficulté d'employer ce moyen, pour le moins très dangereux, de prendre des informations & d'en donner au Général Gage. Le jour qu'il vint à Concorde à la tête des Anglois, il y arriva à sept heures du matin, suivi d'une compagnie de grenadiers; il

---

(1) Elle eut lieu le 19 Avril 1775. Le Général Gage avoit détaché de Boston tous ses grenadiers, toute son infanterie légere & quelques autres troupes, montant ensemble à 900 hommes, sous les ordres du Lieutenant-Colonel Smith & du Major Pitcarn. Ils rencontrerent à Lexington une compagnie de milice, qu'ils trouverent sous les armes : les Anglois ordonnerent avec hauteur aux Américains de se disperser; ceux-ci refuserent, & tandis que la contestation ne consistoit encore de part & d'autres qu'en paroles, les Anglois tirerent sans en prévenir, & tuerent de cette décharge sept à huit Américains qui n'avoient encore fait aucune disposition pour se défendre ou pour se mettre à l'abri du feu. Il fallut céder au nombre. Les Anglois s'avancerent jusqu'à Concorde, où ils payerent chérement leur violence, & ce premier acte d'hostilité dont ils étoient seuls responsables. Cette journée leur coûta près de 300 hommes. Le Major Pitcarn fut tué à la bataille de Bunker'skill, peu de tems après l'affaire de Concorde.

se rendit sur le champ à l'auberge de M. John, dont il trouva la porte fermée ; il y frappa plusieurs fois, & sur le refus qu'on lui fit de l'ouvrir, il ordonna aux grenadiers de l'enfoncer : étant entré le premier, il poussa M. John si rudement qu'il le renversa par terre ; ensuite il le fit garder à vue dans son comptoir, & lui demanda à diverses reprises de lui indiquer où étoient les magasins des rebelles. En effet, les Américains avoient rassemblé à Concorde quelques canons & quelques munitions de guerre ; mais ayant été avertis dans la nuit, ils avoient eu le tems de tout transporter dans les bois, à l'exception de trois pieces de vingt-quatre, qui étoient restées dans la cour de la prison, dont M. John étoit concierge. Le Major Pitcarn porta la violence jusqu'à lui mettre le pistolet sur la gorge. M. John, qui avoit d'abord été lui-même très en colère, se calma, & tâcha de calmer à son tour le Commandant anglois. Il l'assura qu'il n'y avoit à Concorde que les trois pieces de canon dont j'ai parlé, & qu'il les lui feroit voir, s'il vouloit le suivre. Il le mena à la prison, où les Anglois entrerent, dit-il, dans une grande colere en voyant que les *Yankes*

avoient déjà si bien appris à monter des canons &
à se pourvoir de tout ce qui est nécessaire au ser-
vice de l'artillerie, comme lampourdes, refou-
loirs, &c. Le Major Pitcarn fit détruire les affuts
& casser les tourillons; puis il ordonna qu'on ouvrît
la prison, où il trouva deux prisonniers, dont l'un
étoit un Tory qu'il fit relâcher.

Ces premiers momens de trouble & de vivacité
étant passés, le Major Pitcarn retourna chez
M. John, demanda à déjeûner & paya exactement.
Celui-ci reprit alors son rôle d'aubergiste; beaucoup d'Anglois vinrent demander du rhum, il le
mesura comme à l'ordinaire, & les fit tous payer
exactement. Pendant ce tems-là, les Américains,
qui avoient passé la riviere en se retirant, commençoient à se rallier, & à se réunir à ceux qui,
avertis par les cloches d'alarmes & par divers
exprès, venoient se joindre à eux. La disposition
que le Major Pitcarn avoit à faire pour sa sûreté,
tandis qu'il cherchoit & détruisoit les munitions,
n'étoit nullement difficile; il ne s'agissoit que de
placer de sûres gardes aux deux ponts du nord &
du sud : c'est ce qu'il avoit fait. Vers dix heures du

matin, on entendit tirer des coups de fufil au pont
du nord ; fur le champ tous les Anglois coururent
à leur place de ralliement, qui étoit fur une hauteur, dans un cimetiere fitué à droite du chemin
& vis-à-vis la maifon-de-ville. Trois cens Américains s'étoient raffemblés de l'autre côté de la
riviere ; ils defcendirent des hauteurs par un chemin
finueux qui conduit obliquement au pont, mais
qui, à foixante pas de la riviere, tourne à gauche
& prend la direction du pont. Jufqu'à ce qu'ils
arrivaffent à ce tournant, ils avoient leur flanc
couvert par une petite muraille feche. Parvenus à
ce point, ils marcherent hardiment au pont &
trouverent les ennemis occupés à le rompre. Ceux-
ci tirerent les premiers ; mais les Américains fon-
cerent fur eux & les plierent aifément ; ce qui
doit paroître un peu furprenant. M. John prétend
que d'abord les Anglois crurent que les Américains n'avoient pas de balles, mais que, voyant
plufieurs de leurs gens bleffés, ils revinrent de
leur erreur. On cite même un Officier qui difoit à
fes foldats de ne rien craindre, *que les Américains
ne tiroient qu'à poudre ;* un tambour qui étoit

auprès de lui, & qui reçut dans ce moment un coup de fufil, lui répondit : *Mon Capitaine, défiez-vous de cette poudre-là.* Les Anglois eurent trois hommes tués roides & plufieurs bleffés, dont deux Officiers. Les Américains pafferent le pont & fe formerent auffitôt fur une petite hauteur à gauche du chemin, par rapport à eux, & à une petite portée de canon de celle fur laquelle les Anglois s'étoient raffemblés. Là ils pafferent quelque tems à s'entre-regarder ; mais l'afpect de quelques maifons auxquelles on avoit mis le feu, irrita les Américains & les détermina à marcher aux Anglois : alors ceux-ci fe retirerent par le grand chemin de Lexington ; mais comme ce chemin fait un coude, les Américains, qui connoiffoient le pays, prirent la corde de l'arc & les joignirent avant qu'ils euffent fait un mille. C'eft là que commença ce long combat en retraite dont on peut voir par-tout les relations, & qui ne finit qu'à Lexington, lorfque les Anglois rencontrerent le renfort que Lord Percy leur amenoit.

Ce fut le 8 au matin que je fis la reconnoiffance du champ de bataille de Concorde ; elle me mena jusqu'à dix heures & demie. Alors je me remis en chemin. A dix milles de Concorde, je trouvai *Biberika*, town-ship assez considérable; le chemin fut un peu plus raboteux & le pays moins fertile. Nous nous arrêtâmes à *South-Andover*, cinq milles au-delà de Biberika, dans une mauvaise auberge tenue par un nommé *Fofter*; sa femme avoit des enfans charmans, mais elle me parut extravagante, & je crois qu'elle étoit un peu ivre. Elle me montra avec beaucoup d'importance un livre dans lequel lisoit sa fille aînée, & je fus fort surpris de trouver que c'étoit un livre de prieres en langue italienne. Cette même fille qui étoit âgée à-peu-près de dix-sept ans, me récita aussi une priere en langue indienne. Elle n'y comprenoit rien, & l'avoit apprise par hasard d'un domeftique indien; mais sa mere trouvoit tout cela admirable. Nous nous contentâmes de faire repaître nos chevaux dans ce mauvais cabaret, & nous en partîmes à une heure & demie. Nous traversâmes *South* & *North-Andover*. *North-Parish* ou, si l'on veut, *North-Andover* est un endroit charmant; on y voit de très jolies maisons & en grande quantité, beaucoup de prairies,

& des bestiaux de la plus belle espece. Presqu'en sortant de ce long township, on entre dans *Brad-fort*; la nuit nous y prit, & nous fimes encore deux ou trois milles dans l'obscurité avant d'arriver au ferry d'*Haver-Hill.* Il étoit six heures & demie, lorsque nous fûmes passé, & lorsque nous arrivâmes dans l'auberge de M. *Harward*, où nous eûmes un bon souper & un bon logement. A Haver-Hill le *Merrimak* ne porte que des bâtimens de trente tonneaux; mais on en construit de plus grands qui descendent à vuide à *Newberry* milles au-dessus d'Haver-Hill, il y a des *falls* (1), & plus haut la riviere ne porte plus que des bateaux. Le commerce de cette ville consistoit autrefois en bois de construction, mais il est suspendu depuis la guerre. Elle est assez considérable & assez bien bâtie; d'ailleurs sa situation en amphithéatre sur la rive gauche du Merrimak en rend les aspects agréables.

J'en suis parti le 9 à neuf heures du matin; mon

---

(1) On doit se souvenir que les *falls*, ou *rapides*, sont les endroits où les rivieres forment des cascades, & où la navigation est interrompue.

chemin m'a d'abord conduit à *Plaſtow*, township
aſſez conſidérable, après lequel on trouve des bois
& un pays ſauvage & aride. On y voit beaucoup
de pins & d'épicias; il y a auſſi pluſieurs étangs
aſſez vaſtes dont quelques-uns ſont marqués ſur la
carte. En général, j'en ai vu beaucoup depuis les
confins du Connecticut, & c'eſt une des choſes
qui contribuent à faire reſſembler ce pays au Bour-
bonnois & au Nivernois. A douze milles d'Haver-
Hill, on trouve *King's-town*, township inférieur
à la plupart de ceux que j'ai vus ſur la route; &
enfin à dix - huit milles la ville *d'Exeter* qui eſt
maintenant la capitale du New-Hampshire, c'eſt-
à-dire le lieu où ſe tient le Préſident ou Gouverneur, & où les Etats s'aſſemblent. C'eſt une aſſez
jolie ville & une eſpece de port; car les bâtimens
de ſoixante-dix tonneaux peuvent y monter, &
on y en conſtruit de trois ou quatre cens tonneaux,
qui deſcendent à vuide la riviere d'Exeter pour ſe
rendre dans la baie de ce nom, & de là dans la
Piſcataqua. Je m'arrêtai dans une très belle auberge
tenue par un M. *Ruſpert*; j'en repartis à deux
heures & demie, & quoique j'allaſſe très vîte, je

n'arrivai à Porſtmouth qu'à l'entrée de la nuit. Le chemin depuis Exeter eſt montueux. On paſſe à *Greenland*, township très peuplé & compoſé de maiſons très bien bâties. Les beſtiaux y ſont abondans, mais moins beaux que dans le Connecticut & l'Etat de Maſſachuſſet. Ces beſtiaux ſont répandus dans de jolies prairies, & c'eſt un ſpectacle agréable de les voir ſe raſſembler le ſoir près des granges. En tout, ce pays offre l'image de l'abondance & du bonheur. Le chemin de Greenland à Porſtmouth eſt beau & large, ſemé par-tout d'habitations, de ſorte que ces deux township ſont preſque contigus. Je deſcendis chez M. *Brooſter*, où je fus très bien logé ; il m'a paru que c'étoit un galant homme & fort attaché à ſa patrie.

Le 10 au matin j'allai vers dix heures faire une viſite à M. d'Albert de Rions, Capitaine de vaiſſeau, commandant le *Pluton*, il étoit établi à terre pour raiſon de ſanté & il y avoit ſa maiſon ; il m'invita à dîner, & me conſeilla d'accepter, parce que M. le Comte de Vaudreuil étoit en grand déſaroy à ſon bord, à cauſe du coup de tonnerre qui, cinq jours auparavant avoit coupé fon mât de mifaine & percé fon vaiffeau jufqu'à la premiere batterie. Du refte, il m'offrit fon canot pour aller à bord de l'*Augufte*. Je retournai chez moi pour prendre mon manteau ; mais en paffant devant le Meeting, précifément à l'heure de l'office, j'eus la curiofité d'y entrer & j'y reftai une bonne demi-heure, afin de ne pas interrompre le prédicateur , & auffi pour rendre une efpece d'hommage à cette affemblée : il y avoit peu de monde à caufe du froid qui étoit affez vif ; mais je vis plufieurs perfonnes très jolies & très élégament mifes. M. Barkminfter , jeune Miniftre , parloit avec beaucoup de grace , & affez raifonnablement pour un prédicateur : je remarquai fur-tout la maniere adroite dont il fit entrer la politique dans fon fermon , en comparant les chrétiens rachetés par le fang de Jéfus-Chrift , mais obligés toujours à combattre la chair & le péché, en les comparant, dis-je, aux Treize-États-Unis, qui ont acquis la liberté & l'indépendance , mais qui font obligés d'employer toute leur force à combattre une puiffance formidable & à conferver le tréfor dont ils fe font procuré la propriété.

Il étoit à-peu-près midi lorfque je m'embarquai dans le canot de M. d'Albert; je vis fur la gauche près de la petite ifle de *Rifing-Caftle*, le vaiffeau l'*América* qui avoit été lancé à l'eau huit jours auparavant, & qui me parut un beau navire; je laiffai à ma droite l'ifle de Washington, fur laquelle j'obfervai le fort Washington. C'eft un fort étoilé, dont les parapets font foutenus par des pieux; il n'étoit pas achevé. Nous laifsâmes enfuite *New Caftle* fur la droite & *Bittery* fur la gauche, & nous arrivâmes au mouillage des vaiffeaux, c'eft-à-dire, en deçà de la premiere paffe; ce n'eft pas celui qu'ils auroient pris en cas d'attaque; ils feroient venus fe ranger près de l'América. Je trouvai M. de Vaudreuil à fon bord, il me préfenta les Officiers de fon vaiffeau, & enfuite ceux de fon détachement, parmi lefquels je trouvai trois Officiers de mon ancien regiment de Guienne, à préfent Viennois. Enfuite il me mena voir les ravages que le tonnerre avoit fait fur fon bord. Voici comment M. de Biré qui commandoit alors le vaiffeau, M. de Vaudreuil ayant couché à terre, me raconta ce malheureux

événement. Il étoit deux heures & demie après
minuit, & il faisoit une pluie très violente: tout-
à-coup on entendit une épouvantable explosion;
la sentinelle qui étoit sur la gallerie rentra toute
effrayée dans la chambre du conseil, & rencontra
M. de Biré qui étoit sauté à bas de son lit: tous
deux furent frappés de l'odeur du soufre répandue
autour d'eux. On sonna aussi-tôt la cloche & on
alla visiter le vaisseau: il se trouva que le mât de
misaine avoit été coupé à quatre pieds du gaillard,
qu'il avoit été enlevé en l'air, & qu'il étoit ensuite
retombé perpendiculairement sur le gaillard qu'il
avoit enfoncé ainsi que la seconde batterie. Deux
matelots avoient été écrasés par sa chûte, deux
autres qu'on n'a pu retrouver ont été sans doute
jettés à la mer par la commotion, & plusieurs
ont été blessés.

A une heure nous retournâmes à terre pour
dîner chez M. d'Albert de Rions: nos conviés
étoient M. de Biré qui faisoit sur l'Auguste les
fonctions de Capitaine de pavillon, quoiqu'il ne
fût que Lieutenant; M. de Marregues qui commandoit ci-devant le Magnifique, & qui étoit des-

tiné à commander l'América , M. de Siber , Lieutenant en pied du Pluton , M. d'Hizeures , Capitaine au régiment de Viennois , &c. Après le
dîner nous allâmes prendre le thé chez le Colonel
Laughedon. C'eſt un grand homme d'une belle
figure & d'un maintien fort noble : il a été Membre du Congrès & il eſt encore un des principaux
perſonnages de ſon pays ; ſa maiſon eſt jolie &
bien meublée & les appartemens ſont parfaitement boiſés ; on y voit une aſſez bonne carte
manuſcrite du port de Porſtmouth. Madame Laughedon ſa femme , eſt jeune , blanche & d'une aſſez
belle figure ; mais je cauſai beaucoup moins avec
elle qu'avec ſon mari, pour lequel j'étois favora-
blement prévenu , parce que je ſavois que lors de
l'expédition de Burgoyne , il avoit montré beaucoup de courage & de patriotiſme : en effet il
ſe rendit à la Chambre du Conſeil dont il étoit
Membre, & voyant qu'on alloit diſcuter quelques objets de peu d'importance , il dit :
« Meſſieurs vous pouvez parler tant que vous
» voudrez , mais je ſais que l'ennemi eſt ſur nos
» frontieres , & je vais prendre mes piſtolets &
» monter

» monter à cheval pour combattre avec mes » concitoyens »; la plupart des Membres du Conseil & de l'assemblée le suivirent, & ils joignirent le Général Gates à Saratogha. Comme il marchoit jour & nuit, ne se reposant que dans les bois, un negre favori qui l'avoit suivi, lui dit: Maître, *vous donnez vous bien du mal, mais vous allez combattre pour liberté: je souffrirois aussi avec patience si j'avois liberté à défendre. Qu'à cela ne tienne*, reprit M. Langhedon; *dès ce moment-ci je te la donne.* Le negre le suivit, se conduisit avec courage & ne l'a pas quitté depuis. En sortant de chez M. Langhedon, nous allâmes faire visite au Colonel *Wentworth*; il est considéré dans son pays, non-seulement, parce qu'il est de la même famille que le Lord Rockingham, mais parce que sa probité & sa capacité sont généralement reconnues. Il faisoit les affaires de la marine à Portsmouth, & nos Officiers ne tarrissoient pas sur son éloge. De chez M. Wentworth, M. de Vaudreuil & M. d'Albert de Rioms me menerent chez madame *Wipall*; c'est une veuve qui est, je crois, belle-sœur du Général *Wipall*;

elle n'eſt ni jeune ni jolie , mais elle m'a paru avoir de l'eſprit & de la gaieté. Elle éleve une de ſes nieces qui n'a que quatorze ans , mais qui eſt déja charmante. La maiſon de madame Wipall, ainſi que celle de M. Wentworth, & toutes celles que j'ai vues à Porſtmouth, ſont très jolies & très bien meublées.

Le 11 au matin , j'avois envie de m'aller promener dans la rade & ſur les îles , mais il avoit tombé de la neige & le tems n'étoit pas du tout engageant ; je me contentai donc de faire quelques viſites aux Officiers de la marine, & entr'autres, à M. le Comte de Vaudreuil qui avoit couché à terre la nuit précédente. Nous nous raſſemblâmes encore à l'heure du dîner chez M. d'Albert de Rioms , & ce point de réunion étoit toujours très agréable. M. d'Hizeures avoit fait venir la muſique du régiment de Viennois ; je vis avec plaiſir que le goût de la muſique que j'avois fait naître dans ce corps s'étoit maintenu , & que les anciens muſiciens avoient été bien remplacés. Après le dîner nous allâmes encore prendre du thé chez M. Langhedon ; enſuite nous allâmes faire viſite au Docteur *Brakett*, médecin eftimé dans le pays ; & de là chez M. *Thompfon*. Celui-ci eft né en Angleterre ; il eft bon marin & bon conftructeur ; il m'a paru d'ailleurs un homme fenfé & fort attaché à fa nouvelle patrie, qu'il n'a adoptée cependant que depuis quinze ans. Sa femme eft Américaine ; elle plaît par fa figure, & encore plus parce qu'elle eft aimable & polie. Nous terminâmes notre foirée chez M. Wentworth, chez qui logeoit M. le Comte de Vaudreuil ; il nous donna un très joli fouper, fans cérémonie, pendant lequel la converfation fut gaie & agréable.

Le 12 je partis après avoir été dire adieu à M. le Comte de Vaudreuil que je trouvai en chemin pour venir chez moi ; & ce fut affurément avec toute fincérité que je lui témoignai combien j'étois touché de la manière dont j'avois été reçu par lui, & par les Officiers qui étoient à fes ordres.

Voici les notions que j'ai été à portée d'acquérir fur la ville de Porfmouth. Son état étoit affez floriffant avant la guerre ; on y faifoit le commerce des bois de conftruction & celui des poiffons falés. On n'aura pas de peine à croire que ce commerce ait beaucoup fouffert depuis le commencement des troubles ; mais avec cela, la ville de Porſtmouth eſt peut-être de toutes les villes de l'Amérique celle qui gagnera la plus à la guerre préſente. Il y a toute apparence qu'elle fera à la nouvelle Angleterre ce que le vieux Porſtmouth eſt à l'ancienne ; c'eſt-à-dire, qu'on choiſira ce lieu pour en faire le dépôt de la marine continentale. En effet, l'accès du port eſt facile ; la rade eſt immenſe & on trouve ſept braſſes d'eau juſqu'à deux milles au-deſſus de la ville : ajoutez encore que malgré ſa ſituation ſeptentrionale, le port de Portſmouth ne gele jamais, avantage qui eſt dû à la rapidité du courant. Cette circonſtance, jointe à la proximité des bois de conſtruction , & ſur-tout des mâtures, déterminera ſans doute en ſa faveur le choix du Congrès, qui ne peut être tenu en balance que par le port de Rhode-Iſland. Cependant ſi l'on veut faire un établiſſement de marine militaire à Porſtmouth, il faut placer les quais, les corderies, les arſenaux, &c. dans les îles, & non ſur le continent ; car il ſeroit aiſé à une armée ennemie d'y débarquer & de s'emparer de la ville, dont le local demanderoit un trop grand développement de fortifications pour la mettre à l'abri d'infulte : je crois cependant qu'on pourroit faire un bon camp retranché entre deux creeks, mais je n'en ai pu juger que par apperçu & fur les cartes.

Il eft arrivé dans le New-Hampshire, comme dans l'état de Maffachuffet, que les pertes du commerce ont tourné au profit de l'agriculture ; les capitaux des gens riches & l'induftrie du peuple ayant reflué, des côtes vers l'intérieur des terres qui en a profité très rapidement. Il eft fûr que le pays a l'air très floriffant, & qu'on y bâtit tous les jours de nouvelles maifons & de nouvelles fermes.

Le New-Hampshire n'a pas encore de conftitution permanente, & fon gouvernement actuel n'eft qu'une fimple convention ; il reffemble affez à celui de Penfylvanie, car il confifte dans un feul corps légiflatif, l'affemblée, compofée des repréfentans du peuple, & le Confeil exécutif qui a pour chef un Préfident au lieu d'un Gouverneur. Mais pendant mon féjour à Porftmouth, j'appris

qu'on étoit affemblé à Exeter pour établir une conſtitution, & qu'on étoit déja convenu des principaux
articles. Cette conſtitution tiendra beaucoup de
celle de New-York & de celle de Maſſachuſſet.
Il y aura, comme dans la premiere, un pouvoir
exécutif qui ſera entre les mains du Gouverneur,
du Chancelier & des premiers Juges : ceux-ci
feront perpétuels, du moins *During good be-
haviour* (1); mais les Membres du Sénat feront changés tous les ans, & la propriété requiſe
pour être élu Sénateur, ſera très peu conſidérable;
ce qui eſt je crois un grand inconvénient. M. Langhedon dit, & peut-être avec raiſon, que le pays
eſt encore trop jeune, & que l'étoffe n'eſt pas aſſez
ample, pour qu'on puiſſe donner à ce Sénat toute
la conſiſtance & tout le poids qu'il devroit avoir,
comme on l'a fait en Maryland, où les Sénateurs
font élus pour trois ans, & doivent poſſéder au
moins 500 pounds.

On m'a parlé à Porſtmouth d'une ſecte nouvelle
qui n'a pas laiſſé que de faire quelque bruit dans

______

(1) Tant qu'ils ſe conduiront bien.

le pays. Un particulier, appellé je crois *André*, s'est avisé de prêcher une doctrine qu'on appelle celle des *Universalistes*. Il prétend que Jésus-Christ ayant racheté tous les hommes, aucun d'eux ne peut être damné ; car si cela étoit, sa mission auroit été inutile, du moins en grande partie. Si cette opinion n'est pas nouvelle, elle est du moins très commode ; mais elle fait plutôt un sujet de conversation, & même de plaisanterie, qu'un objet de dispute.

Lorsque j'étois à Portsmouth les denrées se payoient très cher, à cause de la grande séche-resse de l'été précédent. Le bled valoit deux dol-lards le boisseau, (soixante livres pesant,) l'avoine presqu'autant ; le bled de Turquie étoit extrême-ment rare. On aura peine à croire que j'aie payé huit livres dix sols par jour pour la nourriture de mes chevaux. La viande seule étoit à bon marché ; elle valoit de quatre à cinq sols la livre. La partie du New-Hampshire qui avoisine la mer est peu féconde ; il y a de très bonnes terres à quarante & cinquante milles des côtes, mais la dépense des charrois augmente de beaucoup le prix des

denrées, lorfqu'elles font vendues dans les endroits les plus habités. Quant au prix des biens
fonds, il eft déja affez haut pour un pays fi
nouveau. M. Rufpert, mon hôte, louoit l'auberge
où j'ai logé foixante-dix pounds par an, (le pound
valant dix-huit livres.) Les terres fe vendent
de dix à feize dollards l'acre. Le pays eft peu
abondant en fruits, & le cidre y eft très médiocre.

Le chemin de Porfmouth à *New-Berry* traverfe un pays peu fertile. *Hampton* eft le feul
Township qu'on y rencontre, & l'on n'y voit
pas de fi jolies maifons qu'à Greenland. Comme
je n'avois que vingt milles à faire, je ne voulus
pas m'arrèter, & je priai feulement le Vicomte de
Vaudreuil de gagner un peu l'avance pour me faire
préparer à diner. Il étoit deux heures lorfque
j'arrivai au ferry du Merimak : je vis du rivage
l'ouverture du port, dont le Chenal paffe près
de l'extrêmité feptentrionale de *Plumb-Ifland*; on
y a conftruit un petit fort, où il y a quelques canons
montés & quelques mortiers. Sa fituation m'a
paru bien choifie, du moins autant qu'il m'a été

poffible d'en juger en le voyant de loin. A l'entrée du port fe trouve une barre, fur laquelle il n'y a que dix-huit pieds d'eau dans les plus hautes marées ; de forte que, quoiqu'il foit très commerçant, il a toujours été refpecté des Anglois : on y a conftruit plufieurs frégates, entr'autres *la Charles-Town* & *l'Alliance*. Ce port eft étendu & bien abrité. Après avoir paffé le ferry fur de petits bateaux plats qui ne contenoient que cinq chevaux chacun, je me rendis à l'auberge de M. Devenf-port où je trouvai un bon dîner tout prêt. J'avois des lettres de M. Wentworth pour M. *John-Tracy*, le plus confidérable négociant de cette place ; mais avant que j'euffe eu le tems de les lui envoyer, il avoit appris mon arrivée, & comme je fortois de table, il entra dans ma chambre & m'invita très poliment à venir paffer la foirée chez lui. Il étoit accompagné d'un Colonel, dont je pourrois difficilement écrire le nom, n'ayant jamais pu rien entendre à la maniere dont il m'a été prononcé ; c'étoit quelque chofe de femblable à Wigfleps. Ce Colonel refta chez moi tandis que M. Tracy terminoit fes affaires. Celui-ci revint avec deux

jolies voitures très bien attelées, & il m'amena
à sa maison de campagne, ainsi que mes Aides-de-
Camp. Cette maison est située à un mille de la
ville dans une très jolie position ; mais je ne pus
en juger, car il faisoit déja nuit ; cependant j'allai
voir le jardin au clair de lune : il est grand &
composé de différentes terrasses ; on y a construit
une serre chaude & planté beaucoup de jeunes
arbres. La maison est très belle & parfaitement
meublée ; tout y respire cette magnificence accompagnée de simplicité, qu'on ne trouve gueres que
chez les négocians. La soirée se passa rapidement
à l'aide de quelques verres de punch & d'une
conversation agréable. Les dames que je trouvai
déja rassemblées étoient madame Tracy, ses deux
sœurs & Miss *Lee* leur cousine. Madame Tracy est
d'une figure agréable & spirituelle, & ses manieres
correspondent à sa figure. A dix heures on servit
un excellent souper; on but de très bon vin; made-
moiselle Lee chanta & engagea MM. de Vaudreuil
& de Taleyrand à chanter aussi : vers minuit les
dames se retirerent, mais nous continuâmes à
boire du vin de Madere & du vin de Cherès.

M. Tracy, fuivant l'ufage du pays, nous offrit des pipes, propofition qui fut acceptée par M. de Taleyrand & M. de Montefquieu, mais dont le réfultat fut qu'ils acheverent de s'enivrer, rendirent leur fouper, & furent ramenés chez eux, où ils furent très-heureux de trouver leur lit : quant à moi je reftai dans un parfait fang froid, & je continuai à raifonner commerce & politique avec M. Tracy. Il m'intéreffa beaucoup en me racontant toutes les viffcitudes que fa fortune avoit éprouvées depuis le commencement de la guerre. Son frere & lui, avoient perdu à la fin de l'année 1777, quarante-un navires ; & quant à lui, John-Tracy, il ne lui reftoit plus pour toute efpérance qu'une *lettre de marque* de huit canons dont il n'avoit pas encore de nouvelles. Il fe promenoit un jour avec fon frere, & ils raifonnoient enfemble fur les moyens qu'ils prendroient pour faire vivre leurs familles, car ils étoient déja mariés tous deux, lorfqu'il apperçut une voile qui s'approchoit du port. Il interrompit auffi-tôt la converfation & dit à fon frere, *c'eft peut-être une prife qui m'arrive ;* celui-ci fe moqua de lui ; mais il prit

auffi-tôt un bateau, alla au-devant du navire, le
hela & apprit que c'étoit effectivement une prife
qui lui appartenoit, & qui valoit vingt-cinq mille
livres fterlings. Depuis il a prefque toujours été
heureux, & on croit qu'il poffede deux millions
au moment préfent. Je lui fouhaite certainement
toute forte de profpérité : c'eft un homme fenfé,
honnête & bon patriote. Il a toujours fecouru
fa patrie dans le befoin. En 1781, il prêta cinq
mille pounds (près de cent mille livres) à l'État
de Maffachuffet pour l'habillement des troupes,
& cela, fur un feul *récépiffé* du tréforier. Cependant dans cette même année, la quotité des taxes
qu'il a payées a été jufqu'à fix mille pounds. On
a peine à fe figurer qu'un feul particulier foit
chargé à ce point ; mais il faut favoir qu'outre
le droit de cinq pour cent fur les importations,
que le Congrès a demandé, l'État en a mis une
autre de la même valeur à la vente de toute denrée :
c'eft une efpece d'excife qui fe perçoit fur le rum,
le fucre, le café, &c. Ces taxes font levées avec
beaucoup de rigueur : un négociant qui reçoit un
vaiffeau eft obligé d'en déclarer la cargaifon, &

rien ne peut fortir du navire ou du magafin, fans payer le droit. Il réfulte de cette contrainte que les négocians, pour pouvoir ufer librement de leur propriété, font obligés de fe faire détailleurs eux-mêmes, & de payer le droit en entier, quitte à en recouvrer la valeur fur ceux à qui ils revendent. En effet, fans cela ils ne pourroient tirer de leur magafin ce qui eft néceffaire pour leur propre confommation, & pour les petits articles qu'ils fe trouvent à portée de vendre à la premiere main ; ils font donc obligés de prendre des *licences*, commes les taverniers & les détailleurs, & ils fuportent ainfi tout le poids de l'impofition, qu'ils paient, à la fois, comme négocians & comme marchands tenans boutique. Quelque patriote que foit M. Tracy, il ne peut s'empêcher de blâmer la rigueur avec laquelle le commerce eft traité ; rigueur qui vient de la prépondérance des fermiers ou propriétaires de terres, & auffi de la néceffité qui force à prendre l'argent où on le trouve ; car les fermiers échappent aifément à l'impofition : les *certificats*, les *reçus*, les *grievances* alléguées la réduifent prefqu'à *zéro*. C'eft ainfi qu'un État

encore enfant a déja toutes les infirmités de la
vieilleſſe, & que l'impôt s'attache à la ſource de
la richeſſe même, au riſque d'en tarir les canaux.

Je partis de New-Berry le 13 à dix heures du
matin, & je m'arrêtai ſouvent avant de perdre de
vue cette jolie petite ville ; car j'avois un plaiſir
infini à jouir des différens aſpects qu'elle préſente:
elle eſt en général très bien bâtie, & elle s'augmente tous les jours par de nouveaux édifices. Les
magaſins des marchands, qui ſont conſtruits près
des maiſons, leur ſervent d'ornement ; ils reſſemblent aſſez pour l'architecture à nos grandes oran-
geries. On ne voit pas la mer du chemin qui mene
à *Ipſwich*, & le côté de l'eſt eſt ſec & ſemé de
rochers. Celui de l'oueſt eſt plus fécond ; mais
à tout prendre, la terre eſt peu fertile dans toute
la partie du pays qui avoiſine la mer. Au bout de
douze milles je trouvai Ipſwich ; je m'y arrêtai
pour faire rafraîchir mes chevaux, & je fus ſurpris
de trouver entre New-Berry & Salem une ville
auſſi peuplée, pour le moins, que ces deux ports
de mer, quoiqu'à la vérité beaucoup moins opu-
lente. Mais ayant monté ſur une hauteur voiſine

de l'auberge où j'étois defcendu, je vis qu'Ipfwich étoit auffi un port de mer ; on me dit que l'entrée étoit difficile, & qu'il y avoit des tems dans l'année où l'on ne trouvoit pas cinq pieds d'eau fur la barre. De la hauteur dont je viens de parler, on voit le Cap Anne, & le fud de Plumb-Ifland, ainfi qu'une partie de la côte du nord. Le giffement de la côte qui court à l'eft m'a paru mal rendu fur la carte ; cette côte court plus fud au-deffus d'Ipfwich, & forme une efpece d'anfe. Ipfwich a peu de commerce au moment préfent, & la pêche n'eft pas moins en décadence : mais le terrein des environs eft affez bon ; il abonde en pâturages, & les marins étant devenus fermiers, n'ont pas manqué de fubfiftance. C'eft ce qui peut rendre raifon de la population très confidérable de cet endroit, où l'on voit plus de quatre cens maifons, dans un quarré de deux milles à-peu-près. Avant d'arriver à Salem on trouve une jolie ville naiffante, appellée *Beverly* ; c'eft un nouvel éta-bliffement que le commerce a fait fur la rive gauche de la creek qui baigne la ville de Salem du côté du nord. On eft étonné de voir de belles maisons, de grands magasins, &c. s'élever en grand nombre, à une si petite distance d'une place de commerce, qui n'a pas pour cela cessé de prospérer. La pluie nous prit au moment où nous passions près d'un étang qui est à trois milles de Beverly. Nous traversâmes la creek sur deux bateaux plats qui contenoient chacun six chevaux : elle a près d'un mille de largeur ; en la traversant nous pûmes voir très bien l'ouvert du port & un château placé à l'extrêmité d'un neck (1) qui en défend l'entrée : ce neck est une langue de terre qui court à l'est, & qui ne tient à Salem que par une espece de chaussée assez étroite. De l'autre côté du neck & de la chaussée, est la creek qui forme le véritable port de Salem : celui-ci n'a d'autres défenses que l'extrème difficulté d'y entrer, à moins qu'on n'ait un bon pilote pratique.

____

(1) Neck en anglois veut proprement dire *col*, mais il n'a pas la même signification qu'en françois : nous appellons col, l'endroit où l'on monte les montagnes qu'il est impossible de tourner, comme le col de Tende & celui du Montcennis. Les Anglois appellent *neck* toute langue de terre lorsqu'elle sert de communication à des espaces qui, sans cela, seroient totalement separés, & formeroient des îles

L'aspect

L'aspect de ces deux ports qui se confondent à la vue ; celui de la ville de Salem qui est embrassée par deux creeks, ou plutôt par deux bras de mer ; les navires & les édifices qui paroissent mêlés ensemble, forment un très beau tableau que je regrette de n'avoir pas vu dans une meilleure saison. Je n'avois de lettres pour aucun habitant de Salem, ainsi je me contentai de descendre à l'auberge de *Good-Hue*, tenue à présent par M. *Robinson* ; je la trouvai très bonne, & on ne tarda pas à m'y servir un excellent souper. Il se tenoit dans cette auberge une espece de club de négocians : deux ou trois d'entr'eux vinrent me voir ; entr'autres M. de la Fille, négociant de Bordeaux, établi à Boston depuis cinq ans ; il me parut un homme raisonnable & assez instruit du commerce du pays, dont il parle très bien la langue.

Le 14 au matin, M. de la Fille vint me prendre pour me mener voir le port & quelques magasins : je trouvai le port commode pour le commerce ; les vaisseaux peuvent tous y charger *à quai* ; il y en avoit une vingtaine, dont plusieurs prêts à partir, ou récemment arrivés. En général cette place a

Tome II.

l'air riche & animé. A mon retour chez moi,
je trouvai plufieurs négocians qui venoient me
témoigner leur regret de n'avoir pas fu plutôt
mon arrivée, & de n'avoir pas pu me faire les honneurs de la ville. A 11 heures je montai à cheval,
& fuivant le chemin de Bofton, je vis avec furprife que la ville, ou fi l'on veut le fauxbourg de
la ville de Salem, s'étendoit du côté de l'oueft,
l'efpace d'un mille à-peu-près. En général, on
a peine à concevoir l'état d'accroiffement & de
profpérité de ce pays, après une guerre fi longue
& fi défaftreufe. Le chemin de Salem à Bofton
paffe par un pays aride & rocailleux ; on eft
toujours à trois ou quatre milles de la mer, mais
on ne la voit pas ; enfin lorfqu'on a paffé *Lyne*
& *Lyne - creek*, on l'apperçoit & on fe trouve
dans une anfe formée par *Nahant's-pointe* & par
Pulling's-pointe. Je montai fur des rochers à
droite du chemin, pour embraffer plus de terrein
& mieux juger du pays : je pus voir en effet,
non-feulement la baye toute entiere, mais plufieurs des îles de la rade de Bofton & une partie
de la peninfule de *Nantuket*, près de laquelle je

reconnus les mâts de nos vaisseaux de guerre. De
là au ferry de *Winisimmi*, on suit des chemins
assez désagréables, tantôt au pied des rochers,
tantôt à travers des marais salés. Il y a juste dix-
huit milles de Salem au Ferry ; je m'y embarquai
sur un grand *Scow* qui contenoit vingt chevaux ;
le vent qui étoit un peu contraire, le devint
davantage ; nous courûmes sept bordées & nous
fûmes près d'une heure à passer. Le débarquement est au nord du Port, & à l'est du Ferry de
Charles-Town. Quoique je susse que M. du Mas
m'avoit préparé un logement, je trouvai plus commode de descendre d'abord à l'auberge de Crom-
well, chez M. *Bracketts*, où je me fis donner à
dîner. Après le dîner je me rendis au logement
qu'on m'avoit préparé dans *Main-Street*, chez
M. *Colson*, marchand à l'enseigne du *gant*. Comme
je me disposois à m'habiller pour aller chez M. le
Marquis de Vaudreuil, je le vis entrer chez moi ;
il voulut bien me permettre de quitter mes habits
de voyage, ensuite nous allâmes ensemble chez
le Docteur *Cooper*, & de là, au bal d'association
où je fus reçus par mon ancienne connoissance

M. *Brick*, qui étoit l'un des *managers*. J'y reſtai juſqu'à dix heures : M. le Marquis de Vaudreuil ouvrit le bal avec madame *Temple* ; M. de l'Aiguille l'aîné & M. Truguet danſerent auſſi chacun un menuet, & firent honneur à la nation françoiſe, par la maniere noble & aiſée dont ils danſerent : je ſuis fâché de dire qu'elle contraſtoit un peu avec celle des Américains, qui eſt en général très gauche, particulierement dans le menuet. Les plus jolies danſeuſes étoient Madame *Jarvis*, ſa ſœur, Miſs *Betſy Broom*, & Madame *Whitemore*. Je trouvai les femmes aſſez bien miſes, mais avec moins d'élégance & de recherche qu'à Philadelphie : pour la ſalle, elle eſt ſuperbe, d'une belle architecture, bien décorée, bien éclairée ; & pour le coup d'œil, le bon ordre & les rafraîchiſſemens, cette aſſemblée eſt fort ſupérieure à celle de la *City-Tavern* à Philadelphie.

Le 15 au matin, M. de Vaudreuil & M. de Létombe, Conſul de France, me prévinrent & arriverent chez moi au moment où j'allois en ſortir pour les aller voir. Après avoir cauſé quelque tems enſemble, nous allâmes d'abord chez

M. *Hancock* (1), il étoit malade de la goutte & ne put nous recevoir ; enfuite chez M. *Baudouin*, M. *Brick* & M. *Cushing*, député Gouverneur. Je dînai chez M. le Marquis de Vaudreuil ; après le dîner nous allâmes prendre du thé chez M. Baudouin, où l'on nous engagea à fouper ; nous fortîmes feulement une demi-heure, M. le Marquis de Vaudreuil & moi, pour aller voir Madame Cushing. La foirée fut fort agréable ; il y avoit à-peu-près vingt perfonnes raffemblées, entr'autres la jolie madame Whitemore, & madame Beaudouin la jeune qui étoit pour moi une nouvelle connoiffance, ne l'ayant pas trouvée à Bofton, lorfque j'y avois été l'année précédente.

____

(1) J'avois vu M. Hancock dix-huit mois auparavant, dans le premier voyage que je fis à Bofton. J'eus alors une longue converfation avec lui, dans laquelle je n'eus pas de peine à reconnoître cette force de caractere qui l'a mis à portée de jouer un rôle fi diftingué dans la révolution préfente. Il avoit une grande fortune qu'il a facrifiée prefque toute entiere à la défenfe de fa patrie, & qui n'a pas peu contribué à foutenir fon crédit. Malheureufement, quoiqu'il foit encore jeune, car il n'a gueres plus de 50 ans, il eft très fujet à la goutte, & il eft fouvent des mois entiers fans être en état de voir perfonne.

Elle eſt d'une figure douce & agréable, & ſon caractere correſpond à ſa figure.

Le 15 au matin j'allai voir M. le Marquis de Vaudreuil & faire quelqu'autres viſites : je dînai avec lui chez M. Brick ; il y avoit plus de trente perſonnes, entr'autres Madame *Tudor*, Madame *Morton*, Madame *Swan*, &c. Les deux premieres ſavent le françois ; Madame Tudor, ſur-tout, le ſait parfaitement & le parle aſſez bien ; j'ai été fort lié avec elle pendant mon ſéjour à Boſton, & j'ai trouvé qu'elle avoit, non ſeulement de l'eſprit, mais de la grace & de la délicateſſe dans l'eſprit & dans les manieres. Après le dîner on ſervit le thé, & lorſqu'il fut pris, M. Brick exigea en quelque façon, mais d'une maniere très obligeante, que nous reſtaſſions à ſouper. Ce ſouper fut ſervi, juſtement quatre heures après que nous étions ſortis de table. On imagine aiſément que nous n'y touchâmes gueres ; cependant les Américains lui firent encore quelques agaceries ; en général ils mangent moins que nous dans un repas, mais ils mangent auſſi ſouvent qu'on veut, méthode que je crois très mauvaiſe. Les alimens ſe comportent avec leur eſtomac comme nous en uſons en France en faiſant des viſites ; ils ne ſortent que lorſqu'ils en voyent entrer d'autres. Au reſte nous paſsâmes notre journée agréablement ; M. Brick eſt aimable & fait très bien les honneurs de chez lui. D'ailleurs, il régnoit dans cette ſociété un ton d'aiſance & de liberté, qui eſt aſſez général à Boſton, & qui doit plaire ſur-tout aux François.

Le 16 au matin j'attendis chez moi M. le Marquis de Vaudreuil qui vint me prendre pour me mener dîner à bord du *Souverain*. Ce vaiſſeau, ainſi que l'*Hercule*, étoit mouillé à un mille à-peu-près du Port. M. le Commandeur de Glandeves qui le commande, nous donna un grand & excellent dîner, dont il fit les honneurs, tant aux François qu'aux Américains, avec cette politeſſe noble & bienveillante qui le caractériſe. Parmi ces derniers étoit un jeune homme de 18 ans, appellé M. *Barrel*, qu'il avoit depuis deux mois à ſon bord, afin que vivant toujours avec des François, il pût s'accoutumer à parler leur langue, ce qui ne pouvoit manquer de lui être

utile un jour; car cette inſtruction eſt loin d'être
commune en Amérique : on ne peut même ſe
figurer à quel point elle a été négligée juſqu'ici : on
commençe du moins à en mieux ſentir l'importance, & dans le fait elle ne ſauroit être trop
encouragée pour l'avantage des deux nations. On
dit, & certainement avec beaucoup de raiſon,
que les particuliers, les peuples même, ne ſe que-
rellent, ne ſe brouillent enſemble que faute de
s'entendre ; on peut dire dans un ſens plus poſitif
& plus exact, que les hommes en général ne ſont
pas portés à aimer ceux à qui ils ne peuvent facilement communiquer leurs idées & leurs impreſ-
ſions. Non-ſeulement la vivacité ſouffre & l'impatience s'irrite, mais l'amour-propre eſt offenſé
toutes les fois qu'on parle ſans être entendu ; au
lieu qu'il éprouve une véritable ſatisfaction à jouir
d'un avantage que d'autres n'ont pas, & dont il
eſt ſans ceſſe autoriſé à ſe prévaloir. J'ai remarqué
pendant mon ſéjour en Amérique, que, parmi nos
Officiers, ceux qui parloient anglois, étoient beaucoup plus diſpoſés à aimer les habitans du pays, que
ceux qui n'avoient pu ſe familiariſer avec leur lan-

gage. C'est en effet la marche de l'esprit humain de s'en prendre toujours à autrui des contradictions qu'il éprouve, & telle est peut-être la véritable origine de cette disposition que nous appellons *humeur*; car on doit la considérer comme un mécontentement dont on ne peut se plaindre, comme un mal-aise intérieur dont on est tourmenté sans pouvoir en accuser personne. L'humeur paroît être à la colere ce que la mélancolie est à la douleur; l'une & l'autre durent plus long-tems, parce qu'elles n'ont point d'objet fixe, & parce qu'elles ne portent pas, pour ainsi dire, leur complément avec elles; de sorte que n'arrivant jamais à cet excès, à ce *maximum* de sensibilité, après lequel la nature a voulu qu'il y eût toujours un repos ou un changement de situation, elles ne peuvent ni se satisfaire entiérement, ni s'exhaler tout-à-fait. Quant aux Américains, ils témoignoient plus de surprise que d'humeur, quand ils trouvoient un étranger qui n'entendoit pas l'anglois. Dans les commencemens, ils croyoient que cette langue étoit universelle en Europe; mais s'ils devoient cette opinion à un préjugé d'éducation, à une

efpece d'orgueil national, ce même orgueil avoit
à fouffrir lorfqu'il fe fouvenoit, & cela arrivoit fouvent, que la langue du pays étoit celle de fes oppreffeurs : auffi évitoient-ils d'employer ces expreffions:
*vous parlez bien anglois, vous entendez bien l'an-
glois.* Je les ai entendus dire fouvent : *vous parlez
bien américain, l'américain n'eft pas difficile à
apprendre.* On a été plus loin, on a propofé férieu-
fement d'introduire un nouveau langage, & quelques perfonnes vouloient, pour la commodité du
public, que ce fût l'hébreux qui prît la place de
l'anglois : on l'auroit enfeigné dans les écoles, &
il auroit fervi à tous les actes publics. On imagine
bien que ce projet n'a pas eu de fuite ; mais on
en conclura du moins que l'averfion des Américains pour les Anglois ne pouvoit fe montrer d'une
maniere plus énergique.

Me voilà bien loin du *Souverain* ; j'y retourne-
rois avec plaifir fi ce n'étoit pas pour prendre congé
du Commandeur de Glandeves & pour éprouver
la contrariété d'un brouillard fi épais qu'il me force
à renoncer à la promenade que je voulois faire dans
la rade, & à regagner vîte Bofton fans avoir vu

Caftle-Ifland & le fort *William*. En defcendant à terre, nous allâmes, M. le Marquis de Vaudreuil & moi, prendre du thé chez M. Cushing, Lieutenant-Gouverneur de l'Etat, & de là nous nous rendîmes chez M. Tudor, où nous pafsâmes très agréablement le refte de notre foirée. M. de Parois, neveu de M. le Marquis de Vaudreuil, y avoit fait porter fa harpe; il chanta & s'accompagna avec beaucoup de goût & d'agrément: mais c'étoit la premiere fois depuis trois ans que j'entendois de la mufique vocale, & de la mufique nationale; c'étoit pour la premiere fois que mon oreille étoit frappée de ces chants, de ces paroles qui me rappelloient tant de plaifirs & de fentimens agréables qui avoient occupé le plus bel âge de ma vie : je me croyois dans le ciel, ou ce qui revient au même, je me croyois de retour dans ma patrie, & entouré de tous les objets de mon affection.

Le 17, je déjeûnai chez moi avec plufieurs Officiers d'artillerie qui arrivoient avec leur troupe; car l'artillerie avoit dévancé de beaucoup le refte de l'infanterie, afin d'avoir le tems d'embarquer les canons & autres effets qui lui appartiennent. A onze heures je montai à cheval, & j'allai à *Cambridge* rendre visite à M. *Willard* qui est maintenant Président de l'Université. Le chemin que j'avois à faire, quoique très court, puisqu'il y a à peine deux lieues de Boston à Cambridge, exigeoit cependant que je voyageasse par mer & par terre, & que je traversasse un champ de bataille & un camp retranché. Il y a long-tems qu'on a dit que la route du Parnasse étoit difficile, mais les obstacles qu'on a coutume d'y rencontrer, sont rarement de la même espece que ceux qui devoient m'arrêter. Un coup-d'œil sur la carte de la rade & de la ville de Boston en apprendroit plus que la description la plus détaillée. On verroit que cette ville, une des plus anciennes de l'Amérique, & qui peut contenir de vingt à vingt-cinq mille habitans, a été bâtie sur une péninsule dans le fond d'une large baie dont l'entrée est difficile, & qui est semée de plusieurs îles qui peuvent encore servir à sa défense : elle n'a qu'un seul accès du côté de la terre ; c'est un long *neck* ou langue de terre, que la mer bat des deux côtés, & qui forme une espece de chaussée. Au nord de la ville fe trouve une autre péninfule qui tient à la côte oppofée par un neck très court ; fur cette péninfule eft une hauteur appellée *Bunker's-hill*, & au pied de cette hauteur font à préfent les reftes de la petite ville de *Charleftown*. Cambridge eft fituée au nord-oueft & à une petite lieue de Bofton ; mais pour y aller en droite ligne, il faudroit traverfer un bras de mer affez large, & on trouveroit encore fur ce bras de mer des bas-fonds dangereux, & fur la côte, des marais difficiles à paffer ; de forte que le ferry de Charleftown & celui de Winiffimi font feuls la communication de toute la partie feptentrionale du continent avec la ville de Bofton. Le chemin qui conduit à Cambridge, paffe fur le champ de bataille de Bunker's-hill. Après avoir examiné attentivement cette pofition, je trouvai qu'elle n'avoit rien de formidable : à peine les Américains avoient-ils eu le tems de conftruire ce qu'ils appellent un *breaft-work*, c'eft-à-dire un léger retranchement fans foffé, qui met les hommes à couvert des coups de fufil, feulement jufqu'à la hauteur de la poitrine ; c'eft donc à leur feule valeur qu'il faut attribuer, & la longue réfif-

tance qu'ils ont faite, & la perte énorme que les
Anglois ont essuyée dans cette occasion. Ceux-ci
avoient été repoussés de tous côtés, & mis dans un
tel désordre, qu'on assure que le Général Howe se
trouva un moment, seul sur le champ de bataille,
lorsque le Général Clinton arriva avec un renfort
& tourna par la gauche la position des Américains,
qui étoit plus foible & plus accessible de ce côté-là.
Ce fut alors que leur Général (le Docteur *Warren*
qui avoit été précédemment médecin) fut tué,
& que les Américains abandonnerent leur champ
de bataille, moins parce qu'ils y étoient forcés par
la supériorité des ennemis, que parce qu'ils sen-
toient qu'ils avoient une autre position aussi bonne
derriere le neck qui conduit à Cambridge. Celle
de Bunker'shill n'avoit en effet d'autre utilité que
de commander le ferry de Charlestown & de permettre d'élever des batteries qui auroient pu atteindre jusques dans la ville de Boston. Mais se
feroient-ils exposés à détruire leurs propres maisons & à tuer leurs concitoyens, pour inquiéter les
Anglois dans un asyle qu'ils devoient abandonner
tôt ou tard? D'ailleurs les Américains ne pouvoient

occuper que la hauteur de Bunker's-hill, les frégates & les corvettes des ennemis les prenant en
flanc, du moment qu'ils defcendoient de cette hauteur. Tel fut cependant l'effet de ce combat honorable à tous égards pour nos alliés, qu'on ne
peut calculer quel auroit été celui d'une victoire
complette. Les Anglois qui avoient eu plus de onze
cents hommes tués ou bleffés, parmi lefquels fe
trouvoient foixante-dix Officiers, auroient pu en
perdre autant dans leur retraite, car ils étoient
obligés de fe rembarquer pour retourner à Bofton;
ce qui auroit été prefqu'impoffible, fans la protec-
tion de leurs vaiffeaux; la petite armée de Bofton
auroit donc été prefqu'entiérement détruite, &
cette ville ne pouvoit manquer d'être bientôt éva-
cuée. Mais alors que feroit-il arrivé? L'indépendance n'étoit pas encore proclamée, & la voie des
négociations reftoit ouverte; il fe feroit fait un
accommodement entre les colonies & la métropole; les haines fe feroient appaifées; la féparation
ne fe feroit pas confommée; l'Angleterre n'auroit
pas dépenfé deux milliards; elle auroit confervé
Minorque & la Floride; l'équilibre de l'Europe

& la liberté des mers n'euſſent pas été reſtitués.
En général, il faut convenir qu'il n'y a que l'Angleterre qui ait à ſe plaindre de la maniere dont le
ſort des armes a décidé de cette longue querelle.

A peine a-t-on paſſé le neck qui joint la péninſule au continent, & qui eſt reſſerré, d'un côté par
l'embouchure de la *Myſtick*, & de l'autre par
une anſe appellée *Milkpond*, qu'on voit le terrein
s'élever devant ſoi, & qu'on diſtingue ſur pluſieurs
ſommets les principaux forts qui défendoient le
camp retranché de Cambridge. Ce camp appuyoit
ſa gauche à la riviere, & ſa droite s'étendoit vers
la mer, en couvrant cette ville qu'elle laiſſoit derriere elle. J'examinai quelques-uns de ces forts, &
particuliérement celui de *Proſpect-hill*. Tous ces
retranchemens me parurent faits avec intelligence,
& je ne fus pas ſurpris que les Anglois les euſſent
reſpectés pendant tout l'hiver de 1776. Les troupes
américaines qui gardoient cette poſition, le paſſe-
rent aſſez à leur aiſe, dans de bonnes barraques bien
plancheyées, bien couvertes; alors elles avoient
des vivres en abondance, & c'étoient les Anglois
qui, malgré la communication qu'ils avoient avec

la

la mer, manquoient de différens articles essentiels, particuliérement de bois de chauffage & de viande fraîche. Leur gouvernement qui ne s'étoit pas attendu à trouver tant de courage & tant d'opiniâtreté parmi les Américains, ne pensa que très tard à approvisionner la petite armée de Boston : il voulut réparer cette négligence, & n'épargna rien pour y réussir ; de forte qu'on fréta un grand nombre de vaisseaux sur lesquels on entassa une grande quantité de bœufs, de moutons, de cochons & de volailles de toute espece ; mais ces vaisseaux étant tous partis dans une mauvaise saison, essuyerent des coups de vent en sortant du port, & furent obligés de jetter leur cargaison à la mer. On prétend que, pendant quelque tems, celle qui baigne les côtes d'Irlande, étoit couverte de troupeaux qui, n'étant pas ceux de Protée, ne purent, ni vivre au sein des flots, ni gagner le rivage. Les Américains qui avoient à leur disposition tout le continent, & qui n'avoient pas encore usé leurs ressources ou leur crédit, vivoient heureux & tranquilles dans leurs barraques, & attendoient les secours qui devoient leur arriver avec le printems. Ces secours

furent offerts & fournis avec beaucoup de géné‑
rofité par les provinces du fud; provinces avec
lefquelles ils n'avoient eu, fous le gouvernement
anglois , aucune connexion quelconque , & qui
leur étoient plus étrangeres qu'à la Métropole.
C'étoit donc déja une grande confiance de leur part
de compter fur ces fecours que la générofité feule
avoit offerts : mais comment prévoir qu'un citoyen
de la Virginie qui, pour la premiere fois, venoit
vifiter ces contrées feptentrionales, non‑feulement
en deviendroit le libérateur , mais fauroit encore y
eriger des trophées qui ferviroient de bafe au grand
édifice de la liberté? comment prévoir que l'entre‑
prife qui n'avoit pu s'exécuter à Bunker's-Hill, au
prix même du fang du brave Warren & de celui
de mille Anglois immolés à fa valeur, tentée par un
côté oppofé & conduite par le Général Washington , feroit l'ouvrage d'une nuit , le fruit d'une
fimple manœuvre, d'une feule combinaifon? qui
pourroit prévoir enfin que les Anglois feroient
forcés à évacuer Bofton, & à abandonner toute
leur artillerie & toutes leurs munitions , fans qu'il
en coûtât la vie à un feul foldat?

Pour parvenir à ce grand objet, il n'étoit queſtion que d'occuper les hauteurs de *Dorcheſter*, qui for-moient encore une péninſule, dont l'extrêmité n'eſt qu'à une portée de canon de la ville de Boſton, & en commande le port en grande partie ; mais il falloit le coup-d'œil du Général Washington pour apprécier l'importance de ce poſte ; il falloit ſon activité & ſa réſolution pour entreprendre d'y primer les Anglois qui l'entouroient de leurs vaiſſeaux, & qui pouvoient y porter des troupes avec la plus grande facilité : il falloit plus encore: ſans doute, le pouvoir ou plutôt le grand crédit qu'il avoit déja acquis dans l'armée, la diſcipline qu'il y avoit établie, étoient néceſſaires pour qu'un mouvement général des troupes qui étoient campées tant à Cambridge qu'à Roxbury, pût s'exécuter dans une ſeule nuit, & avec une telle célérité & un tel ſilence, que les Anglois n'en fuſſent inſtruits que par leurs propres yeux, lorſqu'à la pointe du jour ils verroient des retranchemens déja élevés, & des batteries prêtes à tirer. En effet on avoit pouſſé les précautions juſqu'à enlever les fouets des charretiers, de peur que leur impatience & la difficulté des chemins, ne les engageaſſent à

en faire ufage. Il paroît difficile d'ajouter à l'étonnement que doivent exciter les principaux, & fur-
tout les premiers événemens de cette guerre: cependant il nous refte à dire encore, que tandis que
le Général Washington tenoit les Anglois bloqués
dans la ville de Bofton, la poudre manquoit dans
fon armée, au point qu'il n'y avoit pas trois coups
par homme à tirer; ajoutons que, fi le hafard
n'avoit pas fait échouer, dans la rade de Bofton,
une galiotte à bombe dont les Américains s'emparerent, & fur laquelle ils trouverent quelques tonneaux de poudre, il auroit été impoffible de tenter
l'expédition de Dorchefter, puifqu'on n'auroit pas
eu de quoi fervir les batteries qu'on fe propofoit
d'y ériger.

Je doute que perfonne me fache mauvais gré de
m'être laiffé engager dans cette digreffion; mais,
dans ce cas même, il me refteroit encore une
excufe : dans un voyage très court, que j'avois
fait à Bofton, dix-huit mois auparavant, j'a-
vois vifité tous les retranchemens de Roxbury &
ceux de Dorchefter; je ne penfai donc pas qu'il
fût néceffaire d'y retourner, & je me trouvois

d'autant moins difposé à recommencer cette promenade, que la faifon étoit très rigoureufe, & que
j'avois très peu de jours à paffer à Bofton. Mais
comment entrer dans quelques détails fur cette
ville fi juftement célebre, fans rappeller les principaux événemens qui l'ont illuftrée? comment fe
refufer fur-tout, à retracer ici tout ce qui peut con-
tribuer à la gloire des Américains & à la réputation
de leur illuftre Chef? D'ailleurs ce n'eft point
s'écarter du temple des Mufes que de confidérer
les objets qui doivent long-tems faire leur entre-
tien. Cambridge eft un afyle vraiment digne d'elles;
c'eft une petite ville qui n'eft habitée que par des
étudians, des profeffeurs & le petit nombre de
domeftiques & d'ouvriers qu'ils employent. L'édifice deftiné à l'univerfité eft noble & impofant,
quoiqu'il ne foit pas complettement fini: il contient déjà de très belles falles pour les claffes, un
cabinet de phyfique & d'inftrumens de toute efpece, tant pour l'aftronomie que pour les fciences
dépendantes des mathématiques, une vafte gallerie
où l'on a placé la bibliotheque, enfin une chapelle
qui correfpond à la grandeur & à la magnificence

des autres parties de cet édifice. La bibliotheque qui eſt déjà nombreuſe, & où l'on trouve de très belles éditions des meilleurs auteurs, & des livres très bien reliés, ne doit ſa richeſſe qu'au zele de pluſieurs citoyens qui, peu de tems avant la guerre, avoient formé une ſouſcription, au moyen de laquelle ils commencerent à faire venir quelques livres d'Angleterre; mais comme les fonds qu'ils s'étoient procurés, étoient très médiocres, ils profiterent des liaiſons qu'ils avoient avec la métropole, & ſur-tout de la généroſité que les Anglois ont toujours témoignée toutes les fois qu'il a été queſtion de propager les connoiſſances utiles, quelque part que ce ſoit. Ces citoyens zélés écrivirent en Angleterre, ils y firent même pluſieurs voyages pour demander des ſecours qu'ils obtinrent aiſément; un ſeul particulier leur fit un préſent qui valoit plus de 12000 livres de notre monnoie. Je voudrois avoir retenu ſon nom, mais il eſt aiſé de le ſavoir : on le voit écrit en lettres d'or au-deſſus de la travée où les livres qu'il a donnés, ſont réunis, & forment une bibliotheque particuliere; car c'eſt ainſi qu'on en uſe à Cambridge:

chaque don de ce genre, fait à l'univerfité, refte tel qu'on l'a reçu, & occupe une place à part ; ce qui eft beaucoup plus propre à encourager la générofité des bienfaiteurs & à exprimer la reconnoiffance qu'ils infpirent, qu'à faciliter le travail des bibliothécaires, ou celui des étudians. Il eft vraifemblable que la collection augmentant tous les jours, on en viendra à un arrangement plus didactique & plus commode.

Les profeffeurs de l'Univerfité vivent dans leur propre ménage, & les éleves fe mettent en penfion chez différens particuliers qui les reçoivent pour un prix modique. M. Willard qui venoit d'être élu Préfident de l'univerfité, eft auffi membre de l'académie de Bofton, où il fait les fonctions de Secrétaire pour les correfpondances étrangeres. Nous avions déjà eu plufieurs relations enfemble, mais j'étois charmé d'avoir occafion de faire une connoiffance plus particuliere avec lui; il joint à beaucoup d'efprit & de littérature la connoiffance des fciences exactes, & particuliérement de l'aftronomie. Je répéterai ici ce que j'ai dit ailleurs, c'eft que, fi on comparoit nos univerfités, & en général

nos études, avec celles des Américains, il ne feroit
pas de notre intérêt de faire décider laquelle des
deux nations doit être confidérée comme un peuple
enfant.

Le peu de tems que je reftai à Cambridge, ne
me permit de voir que deux ou trois profeffeurs,
& autant d'éleves que je trouvai, ou qui me vinrent trouver chez M. Willard. J'étois attendu à
dîner chez notre Conful (M. de Letombes), & il
me fallut faire force de voiles pour y arriver à
tems ; car on dîne à Bofton de bien meilleure
heure qu'à Philadelphie. Je trouvai chez lui plus
de vingt perfonnes raffemblées, tant Officiers françois qu'américains : dans le nombre de ceux-ci
étoit le Docteur Cooper, homme juftement célebre
& non moins diftingué par les graces de fon efprit
& l'aménité de fon caractere, que par fa rare éloquence & fon zele patriotique. Il a toujours été
particuliérement lié avec M. Hancock, & il lui a
été utile en plus d'une occafion. Parmi les Américains qu'un intérêt politique attachoit à la France,
nul n'a éprouvé pour les François un attrait plus
marqué, & nul n'a reçu de la nature un caractere

plus analogue au leur. C'est sur-tout dans le sermon qu'il prononça, lors de la solemnité occasionnée par l'établissement de la nouvelle constitution de l'Etat de Massachusset, qu'il parut épancher son ame toute entiere, & développer à-la-fois toutes les ressources de son génie, & tous les sentimens de son cœur. La nation françoise, le Monarque qui la gouverne, y sont caractérisés & célébrés avec autant de grace que de délicatesse. Jamais on n'a vu un mélange si heureux & si piquant, de religion, de politique, de philosophie, de morale, & même de littérature. Ce discours doit être connu à Paris où j'en ai envoyé plusieurs exemplaires, & je ne doute pas qu'on ne s'empresse de le traduire. Je souhaite seulement qu'il échappe à l'avidité de ces écrivains empressés qui se sont faits une espece de domaine de la révolution présente. Rien de plus dangereux en effet que ces marchands de *primeur*, qui cueillent le fruit dès qu'ils espèrent de le vendre, & nous privent ainsi du plaisir de l'avoir dans sa maturité. Il n'appartient qu'aux Salustes & aux Tacites de consigner dans leurs ouvrages les actions & les discours de leurs contemporains;

encore n'écrivoient-ils qu'après qu'un grand changement dans les affaires avoit mis un intervalle
immenfe entre l'époque dont ils tranfmettoient
l'hiftoire, & celle où ils la compofoient; encore
l'art de l'imprimerie n'étant pas inventé, pou-
voient-ils mefurer & modér r à leur gré, la publicité qu'ils donnoient à leurs écrits.

Le Docteur Cooper que je ne quittois jamais
qu'à regret, me propofa de venir prendre le thé
chez lui, & il n'eut pas de peine à m'y déterminer.
Il me reçut dans une maifon très petite & meublée
très fimplement : tout y portoit l'apparence d'une
modeftie qui prouvoit affez le peu de fondement
des bruits que les Anglois avoient affectés de ré-
pandre; en effet ils n'avoient perdu aucune occafion de donner à entendre que fon zele pour le
Congrès & pour fes alliés, avoit d'autre motif que
le patriotifme & l'amour de la liberté. Une vifite à
Madame Tudor, où nous retrouvâmes encore,
M. de Vaudreuil & moi, l'agrément d'une converfation douce, interrompue de tems en tems par
une mufique agréable, nous conduifit rapidement
à l'heure où nous devions nous rendre au club.

Cette affemblée fe tient tous les mardis, & en *rota-tion*, chez les différens membres qui le compofent : elle étoit ce jour-là chez M. Ruffel, honnête né-gociant qui nous reçut à merveille. Les loix de ce club ne font pas gênantes : on a limité feulement le nombre des plats qu'on fert à fouper, & il ne doit y en avoir que deux de viande ; car le fouper n'eft pas le repas des Américains. Les légumes, les *pyes* & fur-tout le bon vin n'y font pas épar-gnés : on s'affemble après l'heure du thé, on joue, on caufe, on lit les papiers publics, & l'on fe met à table entre neuf & dix. Le fouper fut auffi libre que s'il n'y avoit pas eu d'étrangers ; on chanta des chanfons de table : un certain M. Stewart en chanta d'affez gaies, & avec une affez bonne voix.

Le 19, il fit un très mauvais tems ; j'allai dé-jeûner chez M. Broom, où je reftai affez long-tems, la converfation ayant toujours été libre & agréable. Quelques Officiers qui vinrent chez moi, ayant occupé le refte de ma matinée, je rejoignis enfuite M. le Marquis de Vaudreuil pour aller avec lui dîner chez M. Cushing. Dans cette occafion, le Député - Gouverneur foutint parfaitement la réputation qu'ont à jufte titre les habitans de Bofton, d'aimer le bon vin & la bonne chere, & d'être très hofpitaliers. Après dîner, il nous conduifit dans l'appartement de fon fils & de fa belle-fille, qui avoient voulu nous donner le thé. En effet, quoiqu'habitant la même maifon que leur pere, ils faifoient ménage à part, fuivant l'ufage de l'Amérique où il eft très rare que les jeunes gens vivent chez leurs parens, quand ils font une fois établis. C'eft que, chez une nation qui eft toujours dans un état d'accroiffement, tout fe reffent de cette tendance générale ; tout fe divife & fe multiplie. La fenfible & aimable Madame Tudor fut encore notre centre de réunion pendant la foirée, & cette foirée fut terminée par un fouper familier & très agréable, chez Madame Baudouin la jeune. M. de Farois & M. du Mas chanterent des airs & des duo, & Madame White-More fe chargea du plaifir des yeux, tandis qu'ils faifoient celui des oreilles.

La journée du vingt fut encore toute entiere confacrée à la fociété. M. Broom me donna un très bon dîner, dont Madame Jarvis & fa fœur firent les

honneurs avec autant de politeſſe & d'attention
que ſi elles euſſent été vieilles & laides. Je ſoupai
chez M. Baudouin, où je trouvai encore beaucoup
de jolies perſonnes raſſemblées. Si je ne mets pas
de ce nombre Madame Temple, fille de M. Baudouin, ce n'eſt pas pour lui faire injure, c'eſt
que ſa figure eſt aſſez diſtinguée pour qu'on puiſſe
dire qu'elle eſt vraiment belle. Elle n'étoit pas
déparée par une fille âgée de douze ans, qui
étoit pourtant bien faite pour attirer les regards.
Ce n'eſt en effet ni un bel enfant ni une jolie perſonne, c'eſt plutôt un ange ſous les habits d'une
jeune fille ; car je ne ſaurois exprimer autrement
l'idée que préſente en Angleterre & en Amérique
les jeunes perſonnes de cet âge, qui, comme
je l'ai dit plus haut, n'eſt pas parmi nous celui des
graces & de la beauté. Pour la premiere fois, depuis que j'étois en Amérique, on me fit jouer
au Whisk. Les cartes étoient angloiſes, c'eſt-à-
dire, beaucoup plus belles & beaucoup plus cheres
que les nôtres, & nous marquions nos points avec
des louis ou des portugaiſes : lorſque la partie fut
finie la perte ne fut pas difficile à ſolder, car on

étoit encore fidele à la loi qui avoit été volontaire-
ment établie dans la société dès le commencement des troubles, & qui ne permettoit pas de
jouer d'argent, tant que la guerre dureroit. Cette
loi n'étoit pas fuivie exactement dans les clubs &
dans les parties que les hommes faifoient entr'eux.
Les habitans de Bofton aiment affez le gros jeu;
& peut-être eft-il heureux que la guerre foit venue
à propos pour modérer cette paffion dont les conféquences commençoient à devenir dangereufes.

Le jeudi 21 il tomba tant de neige que je me
réfolus de différer mon départ. M. Brick qui donnoit un grand dîner à M. d'Aboville & aux Officiers
de l'artillerie françoife, ayant appris que je n'étois
pas parti, vint me prier d'être de ce dîner; je
m'y rendis en caroffe avec M. de Vaudreuil.
M. de Barrel étoit venu auffi me prier de prendre
du thé chez lui; nous y allâmes en fortant de
table, & dès que nous fûmes libres, nous nous
hatâmes de retourner chez Madame Tudor. Son
mari, après lui avoir parlé plufieurs fois tout bas,
nous décéla enfin le fecret d'une très jolie plai-
fanterie qu'elle avoit faite; c'étoit une requête

à la Reine, écrite en françois, où sous prétexte de se plaindre de M. de Vaudreuil & de son escadre, elle en faisoit un éloge très fin & très agréable. Nous passâmes le reste de la soirée chez M. Brick qui nous avoit encore invité à souper, & nous y retrouvâmes tous les agrémens dont on jouit dans sa société. Je m'entretins beaucoup avec le Docteur *Jarvis*, jeune Médecin & même Chirurgien, mais de plus bon Whig & ayant d'excellentes vues en politiques. Lorsque M. d'Estaing partit de Boston, il fut chargé de soigner les malades & les blessés qu'on y laissoit. Il m'a conté que ces malades qui étoient tous en pleine convalescence, retomberent pour la plupart, lorsqu'on eut transféré l'hôpital de la ville de Boston où ils étoient en bon air, à Rocksbury, qui est un lieu mal sain & entouré de marais. Les Médecins d'Amérique donnent beaucoup plus d'importance que les nôtres aux qualités de l'atmosphere, & ils emploient souvent le changement d'air comme remede.

Le 22, je partis à dix heures, après avoir fait mes adieux à M. le Marquis de Vaudreuil, & après avoir eu lieu d'être également satisfait de lui & de la ville de Boston. On ne sauroit croire combien le séjour de l'escadre a contribué à rapprocher les deux nations, & à resserrer les nœuds qui les unissent. La vertu de M. le Marquis de Vaudreuil, les bonnes mœurs dont il donne l'exemple, ainsi que celui de la simplicité & de la bonté dans les manieres, exemple suivi par les Officiers de son escadre au-delà de toute espérance, ont captivé les cœurs d'un peuple qui, bien que l'ennemi le plus déclaré des Anglois, n'avoit pas été jusques-là le plus ami des François. J'ai entendu cent fois répéter à Boston que dans le tems même de la plus grande union avec la Métropole, jamais un vaisseau de guerre anglois n'avoit relâché dans ce port, qu'il n'y eût des querelles très fortes entre le peuple & les matelots, & que l'escadre françoise y avoit passé trois mois, sans qu'il se fût élevé seulement la moindre dispute. Les Officiers de notre marine ont été reçus par-tout, non-seulement comme des alliés, mais comme des freres ; ils ont été admis à la plus grande familiarité par les dames de Boston, sans qu'une seule

indiscrétion,

indifcrétion , fans que la moindre prétention ou la plus petite apparence de fatuité, ait troublé la confiance & l'innocence de ce commerce.

Les obfervations que j'ai déja eu occafion de faire fur le commerce de la nouvelle Angleterre , m'épargnent la peine d'entrer dans aucun détail particulier fur la ville de Bofton , je parlerai feulement d'une vexation qu'on y exerce fur les négocians ; vexation plus odieufe encore que celle dont j'ai fait mention au fujet de M. Tracy & que je n'avois pas encore foupçonnée avant que M. Brick m'en eût fait un détail circonftancié. Outre les droits d'*excife* & de *licence* dont j'ai parlé plus haut, les commerçans font foumis à une efpece de *taxe d'aifés* , & cette taxe eft impofée arbitrairement par douze affeffeurs , nommés à la vérité par les habitans de la ville ; mais comme le plus gros négociant n'a pas plus de voix que le plus petit marchand, on peut imaginer comment les intérêts des gens riches font ménagés par ce comité. Ces douze affeffeurs ayant donc un plein pouvoir d'impofer les gens fuivant leur faculté, ils eftiment, à vue de pays, la quantité d'affaires qu'un négociant peut avoir & le produit qu'il en peut tirer ; par exemple, M. Brick étant Agent de la marine françoife , & de plus , intéreffé dans plufieurs commerces , entr'autres dans celui des affurances , on calcule combien il peut faire d'affaires, ce dont on juge par les lettres de change qu'il endoffe & par fes foufcriptions , & fuivant des eftimations où l'on ne tient compte ni des frais, ni des pertes, on fuppofe qu'il gagne tant par jour , & en conféquence on le taxe à tant par jour. Pendant l'année 1781 , M. Brick a payé jufqu'à trois guinées & demie par jour. On fent qu'il n'y a que le patriotifme & fur-tout l'efpérance d'une prompte conclufion qui puiffe faire fupporter un impôt fi odieux & fi arbitraire ; mais en même tems on ne peut trop louer la patience avec laquelle le commerce, & M. Brick en particulier, s'y font foumis.

Le 22, j'allai fans m'arrêter, coucher à *Wremtham* , & le 23 j'arrivai pour dîner à Providence, où je trouvai toute notre infanterie raffemblée, en attendant que les vaiffeaux fuffent prêts à la recevoir ; j'y paffai fix jours, pendant lefquels je fis cependant une courfe de vingt-quatre heures pour aller à Newport voir mes anciens amis.

Le 30 Novembre je partis de Providence avec MM. Lynch, Montefquieu & de Vaudreuil, & j'allai coucher à Voluntown. Le lendemain M. Lynch (1) retourna à Providence, & nous nous féparâmes avec un égal regret de part & d'autres. Ce jour-là premier Décembre je m'arrêtai à Windham pour faire repofer mes chevaux, & j'allai coucher à *Whit's-Tavern* près de Bolton. Le 2 j'arrivai à Hartford pour déjeûner. J'y paffai deux ou trois heures, tant pour arranger plufieurs chofes relatives au départ de mes équipages, que pour rendre vifite à Madame Wadsworth. M. Frank-Dillon, qui m'étoit venu trouver à Providence & qui y

---

(1) M. Lynch, qui étoit Aide-Major-Général, & deftiné à être employé fous les ordres de M. le Baron de Viomenil, s'embarqua avec les troupes. M. de Talleyrand voulut les fuivre comme fimple volontaire; il fe revêtit d'un uniforme de foldat au régiment de Soiffonnois, & en entrant dans la ville de Bofton, il marcha dans les rangs de la compagnie de chaffeurs de ce régiment. Cette compagnie devoit s'embarquer fur le même vaiffeau que montoit M. le Comte de Ségur, qui étoit alors Colonel en fecond de Soiffonnois, il y refta attaché, & ne le quitta qu'à fon retour en Europe.

étoit reflé un jour de plus que moi, me joignit.
J'allai coucher à Farmington où j'arrivai à l'entrée
de la nuit ; je defcendis à l'auberge d'un M. Wadsworth qui n'eft pas parent du Colonel , mais chez
qui j'avois logé un mois auparavant, lorfque je
marchois avec ma divifion. Madame Lewis ayant
appris que j'y étois, m'envoya d'abord fon fils
me propofer de venir loger chez elle. Je m'en
excufai & lui fit dire que le lendemain j'irois déjeûner avec elle avant de partir ; mais au bout d'un
quart-d'heure elle vint elle-même & foupa avec
moi : elle étoit accompagnée d'un Colonel de
milice dont j'ai oublié le nom. Le 3 au matin
j'allai voir le Miniftre Pitking chez qui j'avois
logé l'année précédente , lorfque l'armée françoife joignit le Général Washington fur la riviere
du nord. C'eft un homme d'une tournure gaie &
un peu original, qui ne manque ni de littérature,
ni d'inftruction. Son pere a été Gouverneur du
Connecticut ; il fait profeffion d'aimer beaucoup
les François, & il me chargea , moitié férieufe-
ment, moitié en plaifantant, de faire fes compli-
mens au Roi, & de lui dire qu'il y avoit en Améri-

que un Miniftre presbytérien fur les prieres duquel
il pouvoit compter. J'allai de là déjeûner chez
Madame Lewis. A dix heures du matin je me
mis en marche pour Licht-Field; je trouvai les
chemins très mauvais, mais le pays embelli par
de nouveaux défrichemens & par un affez grand
nombre de maifons nouvellement bâties, dont
plufieurs étoient des auberges. Je n'arrivai à
Licht-Field qu'à quatre heures après-midi, & j'y
logeai à *Shelding's-Tavern*, nouvelle auberge,
grande, fpacieufe & propre, mais affez mal pour-
vue : je fus pénétré de trifteffe en voyant que
M. Shelding faifoit monter à cheval un negre pour
l'envoyer dans le voifinage chercher de quoi faire
notre fouper ; ce fouper ne fe fit pourtant pas
trop attendre, & fut affez bon.

Le 4, je partis à huit heures & demie du matin.
Je m'arrêtai à Washington, après avoir admiré
encore une fois le tableau pittorefque qu'offrent
deux *falls* & deux ufines, qu'on trouve à moitié
chemin de Licht-Field à Washington. Ce ne fut
pas non plus fans plaifir que j'obfervai le grand
changement que deux années avoient produit

dans un pays jufqu'alors défert & fauvage. Lorfque j'y paffai deux ans auparavant, il n'y avoit
qu'un mauvais cabaret ; à préfent on peut choifir
entre quatre ou cinq auberges, toutes propres
& logeables. Celle de *Morgan* paffe à préfent pour
la meilleure, mais une méprife me fit defcendre
dans une autre que je ne crois pas moins bonne.
C'eft ainfi que la guerre, en arrêtant les progrès
du commerce, a été utile à l'intérieur des terres;
elle a non-feulement obligé plufieurs négocians
à quitter les côtes & à chercher des habitations
paifibles au milieu des montagnes ; mais elle a forcé
le commerce à recourir aux tranfports par terre &
à fréquenter des chemins dont autrefois on ne faifoit
que très peu d'ufage. Je n'arrivai à Moor-House's-
Tavern qu'à cinq heures du foir ; cette fois-ci je
paffai la riviere de *Bull's-Works*, & m'étant encore arrêté pour confidérer ce beau payfage, je
pus me convaincre que je n'en avois pas fait trop
d'éloge dans mon premier journal. La riviere qui
étoit groffie par le dégel, étoit même encore plus
impofante dans fa cataracte ; mais on avoit laiffé
tomber un magafin de charbon, & cela rendoit

l'afpect des ufines moins piquant. Dans cette occafion , je n'eus pas fort à me louer de l'auberge de Moor-Houfe : le Colonel qui lui avoit donné fon nom ne la tenoit plus , il l'avoit cédée à fon fils qui étoit abfent; de forte qu'il n'y avoit que des femmes dans la maifon. M. Dillon qui avoit un peu pris le devant, eut toutes les peines du monde à les déterminer à tuer des poulets : notre fouper fut médiocre , & dès qu'il fut fini & que nous nous fumes rapprochés de la cheminée , nous vîmes ces femmes, au nombre de quatre , fe mettre à table à notre place, & manger les reftes de notre fouper avec un dragon Américain , qui étoit là en ftation ; ce qui nous donna quelqu'inquiétude pour celui de nos gens. Nous apprîmes en effet qu'elles ne leur avoient laiffé qu'une très petite portion. Ayant fait, le lendemain matin, quelques queftions à une d'en-tr'elles , qui n'avoit que feize ans & qui étoit affez jolie, j'appris que cette jeune perfonne, ainfi que fa fœur , un peu plus âgée qu'elle , n'étoient pas de la maifon , mais qu'ayant été chaffées par les Sauvages des environs de *Moming* où elles

habitoient, elles étoient venues se refugier dans
les voisinages où elles travailloient pour vivre;
& qu'étant liées avec Madame Moor-House, elles
se faisoient un plaisir de l'aider, dans les tems où
les voyageurs abondoient le plus; car ce chemin
est à présent très fréquenté. Je vis les yeux de
cette pauvre fille se remplir de larmes en me
contant son aventure; mon intérêt pour elle s'en
accrut, & lui en ayant demandé les détails, elle
me dit, que son frere avoit été massacré presque
sous ses yeux; que pour elle, elle n'avoit eu que
le tems de se sauver à pied, en courant de toutes
ses forces; qu'elle avoit fait ainsi cinquante milles
avant de trouver un cheval, & qu'alors elle avoit
les pieds tout en sang. D'ailleurs elle n'étoit pas
dans le besoin & ne sentoit pas le poids de la misere: c'est un fardeau inconnu en Amérique.
Etrangeres, fugitives, ces deux sœurs infortunées
avoient trouvé du secours. Le logement, la nourriture, sont des choses dont on ne manque jamais
dans ce pays; les vêtemens sont plus difficiles à
se procurer, parce que toutes les étoffes sont
très cheres, mais elles tâchoient d'y subvenir par

leur travail. Je leur donnai un louis pour s'acheter quelque petite parure ; mes Aides-de-Camp à qui je confiai sur le champ ce que je venois d'apprendre, leur donnerent aussi ; & cette petite munificence fut bientôt connue de la maîtresse de la maison, qui conçut beaucoup d'estime pour nous, & parut très repentante d'avoir eu tant de répugnance à tuer ses poulets.

Le 5, je partis à neuf heures, & j'allai tout d'une traite à Fishkill où j'arrivai à deux heures & demie, après avoir fait vingt-quatre milles dans de très mauvais chemins. Je descendis à la taverne de M. *Boerom* que je reconnus être la même où j'avois logé deux ans auparavant, & qui étoit tenue alors par Madame *Egremont* : je trouvai la maison changée à son avantage, & j'y fis un très bon dîner. Je passai la riviere du nord à l'entrée de la nuit, & j'arrivai à six heures à *Newborough*, où je trouvai M. & Madame Washington, le Colonel *Tighman*, le Colonel *Humphreys* & le Major *Walker*. Le quartier général de Newborough consiste dans une seule maison, & cette maison qui est construite à la hollandoise, n'est ni vaste ni com-

mode. La plus grande piece qu'elle contienne, qui
eft celle où fe tenoit la famille du propriétaire, &
dont le Général Washington a fait fa falle à manger,
eft à la vérité affez fpacieufe, mais elle a fept portes
& une feule fenêtre. La cheminée ou, pour mieux
dire, la plaque de la cheminée eft contre la muraille, de forte qu'il n'y a dans le fait qu'un tuyau
de cheminée, & que le feu eft dans la chambre
même. Je trouvai en arrivant la compagnie raffemblée dans une affez petite piece qui fervoit de
parloir. A neuf heures on fervit le fouper, & lorfqu'il s'agit de s'aller coucher, je reconnus que la
chambre où le Général me conduifit, étoit précifément ce même parloir où il venoit de faire tendre
un lit de camp. Le lendemain matin, nous nous
raffemblâmes à dix heures pour déjeûner, & pendant ce tems-là on replia le lit de camp, & ma
chambre redevint falle de compagnie pour toute
l'après-dînée; car les mœurs américaines ne per-
mettent pas de laiffer un lit dans l'endroit où on
reçoit du monde, fur-tout lorfqu'il y a des femmes.
La petiteffe de la maifon & la gêne où je voyois
que M. & Madame Washington s'étoient mis pour

me recevoir, me firent appréhender que M. de Rochambeau qui avoit dû partir un jour après moi, ne fît la même diligence que j'avois faite, & n'arrivât à Newborough le jour même où j'y féjournois. Je pris donc le parti d'envoyer au-devant de lui jufqu'à Fishkill pour l'engager à y coucher. Ma précaution ne fut pas inutile, car mon exprès le trouva déja arrivé au *Landing* (1); il y coucha, & ne nous joignit que le lendemain matin au moment où je partois. La journée de mon féjour fe paffa ou à table ou en converfation. Le Général *Hand*, le Colonel *Ried*, du New-Hampshire & le Major *Graham* vinrent dîner avec nous. Je pris congé, le 7, du Général Washington : on n'aura pas de peine à croire que cette féparation fut douloureufe pour moi ; mais je me fouviens avec trop de plaifir du véritable attendriffement qu'elle lui caufa, pour n'en pas faire mention. Le Colonel Tighman monta à cheval avec moi pour me faire voir, chemin faifant, les barraques qui fervent de quartier d'hiver à l'armée américaine : elles n'étoient pas encore

---

(1) *Landing*, lieu de débarquement. Ce mot vient de *to land*, débarquer, prendre terre.

totalement finies, quoique la faifon fût déja avancée & le froid très rigoureux ; au refte, elles font fpa-cieufes, faines & bien conftruites : elles confiftent dans un rang de *Lug-houfes*, contenant deux cham-bres, habitées chacune par huit foldats au complet, ce qui fait communément cinq ou fix hommes effectifs ; un fecond rang de pareilles barraques eft deftiné feulement aux bas-officiers. Ces barraques font placées au milieu des bois, fur le penchant des collines & à portée de l'eau ; comme on s'attache a choifir un endroit fain & convenable, l'armée fe trouve fur plufieurs lignes qui ne font pas exacte-ment parallelles entr'elles. Une chofe qui paroîtra furprenante en Europe, c'eft que ces barraques font conftruites fans qu'on y emploie un feul mor-ceau de fer, pas même des cloux ; ce qui rendroit l'ouvrage long & difficile, fi les Américains n'étoient pas très adroits à travailler le bois. Après avoir vu les barraques, je regagnai le grand chemin ; mais ayant paffé devant la maifon du Général Gates, la même que le Général Knox habitoit en 1780, je m'y arrêtai le tems de faire une vifite de politeffe. Le refte du jour, j'eus très beau tems. Il fallut faire repaître & repofer mes chevaux dans une auberge qui appartient au Town-ship appellé *Chefter*. Je ne trouvai dans cette auberge qu'une femme qui me parut bonne & honnête, & qui avoit des enfans charmans. Cette route eft peu peuplée, mais on y forme tous les jours de nouveaux établiffemens. Avant d'arriver à Chefter, j'avois paffé fur un pont de bois, une creek appellée *Murder's-River*, qui fe jette dans la riviere du nord, au-deffus de New-Windfor au-delà de Chefter; je côtoyai toujours un *ridge* de montagnes, qui fépare ce pays du *Clove*. Warwick où je couchai, affez gros lieu pour un pays qui eft encore fi fauvage, eft fitué à douze milles de Chefter & à vingt-huit milles de Newborough: j'y logeai dans une très bonne auberge tenue par M. Smith, le même chez qui j'avois couché deux ans auparavant à Cockeat où il tenoit alors une auberge fort inférieure à celle-ci. L'armée américaine ayant, depuis deux ans, fes quartiers d'hiver près de Weft-pointe, M. Smith avoit jugé avec raifon que ce chemin feroit plus fréquenté que celui de Paramus, & il avoit loué cette auberge d'un M. *Beard*, chez qui je m'arrêtai le lendemain

pour déjeuner. La maison lui avoit été cédée avec
quelques meubles, & il avoit de plus cent cinquante acres de terre qui en dépendoient, & pour
le tout, il payoit par an soixante-dix pounds, à-peu-
près cent pistoles. J'eus tout lieu d'être content &
de l'ancienne connoissance, & du nouvel établissement.

Le lendemain 7, je partis avant déjeûner; la
neige me prit dès que je fus à cheval, & ne cessa
de tomber que lorsque je fus arrivé à Beard's-tavern.
Cette maison n'étoit pas à beaucoup près si bonne
que l'autre, mais on travailloit à l'augmenter. Je
demandai à M. Beard, qui est Irlandois de nation,
pourquoi il avoit quitté sa bonne maison de Warwick pour tenir auberge dans celle où je le voyois:
il me répondit que c'étoit un établissement qu'il
formoit pour son gendre, & que, lorsqu'il l'auroit
mise en bon état, il retourneroit dans sa maison
de Warwick. Ce M. Beard avoit vécu long-tems
à New-York où il avoit été marchand, & avoit
même vendu des livres; ce que j'eus occasion d'apprendre, ayant trouvé quelques bons livres chez
lui, entr'autres, l'*Human-Prudence* que je lui

achetai. La neige ceffa vers midi, & le tems s'adou-
cit; mais, dans l'après-midi, elle revint par bouffée :
j'en fus dédommagé par le bel effet que produifit,
au milieu des nuages, le foleil couchant dont la
lumiere fe réfléchiffoit à l'orient, & faifoit une
efpece de parélie. Vers le foir, le tems devint très
froid. J'arrivai à *Suffex* une heure avant la nuit,
& je logeai chez M. *Willis*. Comme le feu n'étoit
pas encore bien allumé dans la chambre qui m'étoit
deftinée, j'entrai dans le *parloir* où je trouvai plufieurs particuliers qui paroiffoient s'être raffemblés
là pour traiter de quelques affaires ; ils avoient
déja, felon l'ufage, bu une bonne quantité de grog,
& l'un d'eux, appellé M. *Archibald-Stewart*, s'en
fentoit un peu. La converfation s'établit entre nous:
M. *Poops*, ci-devant Aide-de-Camp du Général
Dikinfon, & maintenant riche propriétaire dans
les Jerfeys, ayant appris que j'allois à Bethléem (1),

____

(1) Bethléem eft une efpece de colonie fondée par les *Freres
Moraves*, appellés fouvent *Herrenhutter*. C'étoit pour voir cet établiffement, & en même tems la ville d'*Eafton*, & la haute Delaware,
que j'avois quitté la route ordinaire, qui conduit de New-Windfor à
Philadelphie.

ou, en ayant jugé par les informations que je prenois sur les chemins, me proposa très obligeamment de venir le lendemain coucher chez lui. Son habitation est sur les bords de la Delaware, à vingt-six milles de Suffex, à treize milles d'Easton, & à vingt – quatre milles de Bethléem. J'eus d'abord quelque répugnance à accepter, par la crainte qu'on a toujours, en pareil cas, de gêner ou d'être gêné. Cependant il insista si vivement & m'assura si souvent que je ne trouverois pas d'auberge, que je promis en quelque façon d'aller le lendemain coucher chez lui. Ces Messieurs, & lui en particulier me donnerent tous les renseignemens dont j'avois besoin. Je voulois voir le *Moravian-Mill* (1), village situé sur le village d'Easton à quatre milles au-delà de Suffex; il m'adressa à un M. *Calver* qui tient là une espece d'auberge. Ces Messieurs partirent, & je passai une soirée fort agréable, près d'un bon feu, & me félicitant de n'être pas exposé au froid très rigoureux qu'on sentoit dès qu'on sortoit de la maison. Je fus aussi très content du souper &

______

(1) Le moulin des Moraves: c'est une propriété qu'ils ont acquise dans le voisinage de Bethléem.

de

de mon hôte M. Willis qui me parut un galant homme & de bonne conversation. Il est né à Elizabeth-Town, & n'est établi à Suffex que depuis seize ans. C'est ainsi que la population remonte dans l'intérieur des terres, & va chercher des pays nouveaux.

Le 8 je partis un peu avant neuf heures : il faisoit encore très froid, & les chemins étoient couverts de neige & de glace; mais en nous éloignant du *Ridge*, pour tourner vers l'ouest, & defcendant des hautes montagnes fur des collines plus baffes, nous trouvâmes la température plus chaude, & enfuite la terre entierement découverte. J'arrivai vers onze heures & demie au *Moravian-Mill*, & m'étant arrêté chez M. *Calver*, j'appris que j'y avois été annoncé par M. Poops, & qu'on y avoit préparé notre déjeûner. Cette nouvelle attention de fa part m'encourageoit encore plus à accepter fes offres pour la foirée. Dès que nous eûmes déjeûné, M. Calver, qui nous avoit traité avec un empreffement & un refpect, plus allemand qu'américain, nous fervit de guide & nous mena d'abord au moulin à fcie : c'est le plus beau & le mieux entendu que j'aie vu ; un seul homme suffit pour diriger l'ouvrage ; les mêmes roues qui font mouvoir les scies servent aussi à conduire les troncs d'arbres de l'endroit où on les dépose jusqu'à l'attelier, ce qui fait une longueur de vingt-cinq à trente toises : ils sont placés sur un traîneau, lequel glissant sur une coulisse, est tiré par une corde qui se roule & se déroule sur l'axe même de la roue. Les planches se vendent six shellings (à-peu-près 4 livres 10 sols) le cent ; si on fournit le bois, on paie la moitié moins ; alors la planche ne revient pas à deux liards le pied. Ce moulin est près de la chûte d'un étang qui lui fournit de l'eau. On a creusé assez profondément dans un roc de Schiste pour former le canal qui conduit l'eau au moulin à farine. Celui-ci a été bâti à une portée de fusil au-dessus du premier ; il est très beau & construit sur le même plan que celui de Madame Bowling à Petersburg, mais il n'est pas si grand. Du moulin je me rendis à l'église : c'est un bâtiment quarré qui renferme aussi le logement du Ministre. Ce qu'il y a de singulier, c'est que le lieu où se fait

l'office, & qu'on doit appeller proprement l'é-
glife, eft au premier étage : elle reffemble affez
à celle des Presbitériens, excepté qu'il y a un
orgue & quelques tableaux de piété. Ce lieu de
priere, fingulierement placé, me rappelle un
affez bon conte que j'ai entendu faire à Bofton.
On y célébroit autrefois le fervice divin dans un
temple, où les fideles n'étoient pas, à la vérité,
raffemblés au premier étage, mais qui contenoit
auffi le logement du Miniftre, & des caves en
fouterrain. Le Pafteur, très favant homme d'ailleurs, outre fes fonctions fpirituelles faifoit auffi
quelque commerce ; il vendoit du vin, c'eft-à-
dire, qu'il en fortoit de fa cave & qu'il n'y en
entroit jamais. Un negre fort fimple qui le fervoit,
avoit coutume de dire que fon maître étoit un
grand faint, car il l'employoit tous les ans à rou-
ler dans fa cave quantité de pieces de cidre ; &
quand il avoit prêché & prié quelques dimanches
de fuite fur ce cidre, il fe trouvoit enfuite que
c'étoit du vin.

Au fortir de l'églife j'apperçus M. Poops qui
s'étoit donné la peine de venir au-devant de moi ;

Q 4

il n'y avoit plus moyen de reculer ; d'ailleurs j'étois
déjà tout réfigné. Nous montâmes à cheval enfemble, & après avoir paffé par une vallée affez
fertile où l'on voit de belles fermes, hollandoifes
pour la plupart, & des champs très bien cultivés,
j'arrivai vers la fin du jour à fon domicile. C'eft
un charmant établiffement qui confifte en mille
acres de terre, dont la plus grande partie en
culture ; un beau moulin à farine, un autre à fcie,
& une diftillerie. On conclura aifément que
l'homme qui habite là ne doit pas s'ennuyer. Le
manoir eft petit, mais propre & joli. Il me
conduifit dans le parloir, où je trouvai Madame
Poops fa femme, Madame Scotland fa belle-
mere, & M. Scotland fon beau-frere. Madame
Poops eft d'une figure agréable, quoique un peu
flétrie par l'habitude d'une mauvaife fanté : fon
maintien eft parfait & fa converfation eft aimable.
La foirée fe paffa très bien, moitié à caufer,
moitié à jouer, car Madame Poops me donna

____

(1) On paie à ce moulin 35 shellings pour faire moudre cent
boiffeaux de bled ; ce qui revient à 20 ou 22 fols le fetier, à-peu-
près le même prix qu'on donne en France.

une leçon de *Bagamon* & je lui en donnai une de *Trictrac*. Je m'entretins auſſi avec M. Scotland, jeune homme âgé de 26 ans feulement, mais qui a fait trois campagnes, comme Capitaine d'artillerie, & qui eſt maintenant homme de loi, déja très employé. On fait que c'eſt en Amérique l'état le plus confidéré & le plus lucratif. Il me dit que pour une fimple confultation on lui payoit ordinairement quatre dollards, ou même un *half-joe*, (42 livres de notre monnoie); de plus, quand l'action eſt commencée, on paye encore autant pour chaque *writ*, ou chaque *deed*; c'eſt-à-dire, pour chaque acte ou chaque écriture; car en Amérique les Avocats font en même tems Procureurs & Notaires. J'eus auſſi beaucoup de plaifir à caufer avec M. Poops, qui eſt un homme bien élevé, inſtruit, actif, & conduifant différentes affaires où il porte beaucoup d'intelligence. Il fut employé dans le *Commiſſariat*, lorfque le Général *Green* étoit Quartier-Maître-Général, & il fit alors de grandes *exertions* (1) pour nourrir l'ar-

____

(1) *Exertions* eſt un terme très ufité en anglois, & auſſi trè

mée ; auffi a-t-il été fort en butte aux Torys, au point qu'il a été obligé pendant long-tems d'être armé dans fa maifon & de fe barricader toutes les nuits. Le fouper fut auffi agréable que la partie de la foirée qui l'avoit précédé. Les Dames fe retirerent à onze heures, & nous reftâmes à table jufqu'à minuit. Le frere de M. Poops arriva comme nous étions au deffert : il me parut auffi avoir de l'efprit ; il a été marié en Virginie, où il avoit époufé une fille du Colonel *Tims*, lequel avoit époufé une de fes fœurs. Il eft maintenant veuf.

Le lendemain, 10 Décembre, je déjeûnai avec les Dames, & je partis à dix heures & demie ; M. Poops voulant m'accompagner jufqu'à *Eafton*, où il avoit envoyé dire qu'on me préparât à dîner ; j'aurois mieux aimé fuivre mon ufage ordinaire, qui eft de ne faire mon repas qu'à la fin de la journée ; mais il falloit bien payer par un peu de complaifance toutes les politeffes que j'avois reçues. A deux milles de la maifon de M. Poops

______

expreffif ; il fignifie l'induftrie & l'activité qu'on met à toutes les chofes difficiles.

nous pafsâmes à gué une petite riviere ; enfuite
nous voyageâmes dans un pays agréable & bien
cultivé. Quelques milles avant d'arriver à Eafton,
nous nous trouvâmes fur une hauteur d'où l'on
découvre beaucoup de pays , & entr'autres une
chaîne de montagnes que M. Poops nous fit remarquer ; c'eft une partie de celle qui traverfe toute
l'Amérique du fud au nord. Il nous fit obferver
deux efpeces de *hiatus* qui reffemblent à deux
grandes portes ou deux grandes fenêtres ; l'un
eft une trouée par laquelle paffe la Delaware , en
perçant la montagne ; l'autre eft un *gap* ou *col*
qui conduit de l'autre côté des montagnes , &
par où paffe le chemin qui mene à *Vioming* ;
chemin devenu célebre par la marche du Général
Sullivan en 1779. (1). Avant d'arriver à Eafton ,

____

(1) *Voyez* le premier Journal , à l'endroit où l'Auteur rend
compte de fes entretiens avec le Général Schuyler. De quelque maniere que fe fit cette expédition , qui eut lieu en 1779 , après l'éva-
cuation de Philadelphie & la diverfion exercée par l'efcadre de M. le
Comte d'Eftaing , la plus grande difficulté à furmonter confiftoit
dans une longue marche qu'il falloit exécuter à travers des bois,
des marais & des deferts, portant toutes fes provifions fur des bêtes
de fomme , & étant fans ceffe expofé aux attaques des fauvages

nous paſsâmes ſur des *fery-boats*, la branche orientale de la Delaware ; car cette ville eſt ſituée dans la fourche que forment les deux branches de la riviere : elle eſt aſſez jolie quoique peu conſidérable ; il y a toute apparence qu'elle s'agran-

---

L'inſtruction que le Général Sullivan donna à ſes Officiers, l'ordre de marche qu'il preſcrivit à ſes troupes, & la diſcipline qu'il ſut y maintenir, feroient honneur aux Généraux les plus expérimentés, tant anciens que modernes. On peut aſſurer que le Journal de cette expédition ne perdroit rien à être placé à côté de la retraite des Dix-mille, avec laquelle il auroit beaucoup de rapports, ſi l'on pouvoit comparer des manœuvres dont l'attaque eſt le but, avec celles qui n'ont d'autre objet que le ſalut d'un corps abandonné. Le Général Sullivan, après une marche de plus d'un mois, parvint, ſans avoir éprouvé aucun échec, au camp retranché, qui étoit le dernier aſyle des ſauvages ; il les attaqua & fut reçu avec beaucoup de courage : la victoire ſeroit même reſtée indéciſe, ſi les ſauvages, qui avoient perdu un grand nombre de leurs Chefs dans le combat, ce qui ne manque jamais de les intimider, n'avoient pris le parti de ſe retirer pendant la nuit. On détruiſit leurs habitations & leurs maiſons, & depuis ils ne ſe ſont pas remontrés. Quelque légere & inſuffiſante que ſoit l'idée qu'on a pu donner de cette campagne, peut-être ſuffira-t-elle pour que les militaires européens apprennent avec quelqu'étonnement que le Général Sullivan étoit en 1775 Avocat, ou homme de loi, & que dès l'année 1780, il avoit quitté l'armée pour reprendre cette profeſſion. Il eſt à préſent Gouverneur du New-Hampſhire.

dira à la paix, lorsque les Américains ne crai-
gnant plus les Sauvages, cultiveront de nouveau
les terres fécondes qui se trouvent entre la
Susquehanah & la Delaware. M. Poops me
conduisit à l'auberge de M. Smith : ce M. Smith
est à-la-fois aubergiste & homme de loi (*Lawer*).
Il possede une jolie bibliotheque ; & son fils que
M. Poops me présenta à mon arrivée, me parut
un jeune homme instruit & bien élevé. Je le
priai à dîner avec nous, ainsi qu'un autre jeune
homme qui étoit en pension chez lui : ce dernier
étoit venu de la Dominique où il est né, pour
achever ses études parmi les Américains auxquels
il paroissoit beaucoup plus attaché qu'aux Anglois.
Il avoit choisi Easton comme un lieu plus salubre
& plus paisible que les autres villes d'Amérique,
& il trouvoit dans les leçons & dans les livres de
M. Smith, toute l'instruction qu'il pouvoit desirer.
Comme j'avois été annoncé, je ne fus pas obligé
d'attendre long-tems mon dîner. A trois heures
& demie je remontai à cheval : M. Poops voulut
encore m'accompagner l'espace d'un mille ou
deux, & pour m'y faire consentir, il prétendit

qu'il y avoit une croifée de chemins où je pourrois m'égarer. Enfin nous nous féparâmes, & il
me laiffa pénétré de reconnoiffance pour les politeffes dont il m'avoit comblé. Avant de m'éloigner
tout-à-fait d'Eafton, je m'arrêtai fur une hauteur,
où j'admirai pendant quelque tems le coup-d'œil
pittorefque qu'offrent les deux branches de la Delaware, & la forme confufe & bifarre des montagnes, à travers lefquelles elles pourfuivent leur
cours. Lorfque je me fus raffafié de ce fpectacle,
il me fallut preffer ma marche pour arriver à
Bethléem avant la nuit : il y avoit onze milles &
je les fis en deux heures ; cependant je ne pus
réuffir à arriver de jour. Je n'eus pas de peine à
trouver la taverne, car elle eft précifément à
l'entrée de la ville. Cette taverne a été bâtie aux
dépens de la fociété des Freres Moraves, à laquelle
elle fervoit autrefois de magafin ; elle eft très belle
& très fpacieufe. Celui qui la tient n'en eft que
le régiffeur, & il eft obligé de rendre compte aux
adminiftrateurs. Comme j'avois dîné, je ne demandai que du thé, mais je commandai un déjeûner pour le lendemain matin à dix heures.

L'hôte me dit qu'il avoit un *growse* ou *heath-hen*, (poule de bruyeres), je me le fis bien vîte apporter, car j'avois depuis long-tems une grande curiofité de voir cet oifeau. Je trouvai que ce n'étoit ni la poule de Pharaon, ni le coq de bruyeres : il eft à-peu-près de la groffeur d'un faifan ; mais il à la queue courte & la tête d'un chapon, auquel il reffemble encore par la forme de fon corps ; fes pattes fon garnies de duvet. Cet oifeau eft remarquable par deux grandes plumes tranfverfales qu'il porte au-deffous de la tête ; la couleur des plumes du ventre eft mêlée de blanc & de noir ; celle des ailes eft d'un gris rouge, comme les perdrix grifes. Lorfque le *growse* eft roti, fa chaire eft noire comme celle du coq de bruyeres, mais elle eft plus délicate & a plus de fumet.

Je ne pus tirer de grandes lumieres de mon hôte fur l'origine, les opinions & les mœurs de la fociété ; il me dit que le lendemain je verrois le Miniftre & les Adminiftrateurs qui pourroient fatisfaire ma curiofité. Le 11, je fortis à 8 heures & demie, avec un Morave entre les mains duquel mon hôte m'avoit remis. Il n'étoit gueres plus instruit, & il me servit seulement de guide. C'est un marin qui se trouve avoir quelques talens pour le dessin, & qui s'amuse à l'enseigner aux jeunes gens; car depuis la guerre il a renoncé à la mer, quoiqu'il y ait envoyé son fils. Il subsiste d'un petit bien qu'il possede à Reading, mais il vit à Bethléem, où il est en pension chez un particulier ainsi que sa femme. Nous allâmes d'abord voir la maison des *Célibataires* femelles, *Single-Women*: cet édifice est spacieux & bâti en pierres; il est divisé en plusieurs grandes chambres, toutes échauffées par des poëles; c'est-là que les filles travaillent, les unes à des ouvrages grossiers, tels que la filature du coton, du chanvre & de la laine; les autres à des ouvrages de goût & même de luxe, tels que la broderie, soit en soie, soit en fil; elles excellent sur-tout à faire des manchettes, des petits porte-feuilles, des pelottes, à-peu-près comme nos religieuses françoises. La Surintendante de cette maison vint me recevoir: elle est fille de condition & née en Saxe; son nom est Madame de *Gastorff*; mais elle ne se prévaut pas de fa naiffance , & elle parut même étonnée de voir que toutes les fois que nous montions ou defcendions les efcaliers , je lui donnois la main. Elle me mena au premier étage où elle me fit entrer dans une vafte piece à demi voutée & d'une propreté parfaite : c'eft-là que couchent toutes les habitantes de la maifon ; chacune a fon lit à part , où la plume ne manque pas. Il n'y a jamais de feu dans cette falle , & quoiqu'elle foit haute & très aerée , on y a pratiqué au plafond un ventilateur femblable à ceux de nos falles de fpectacles. La cuifine n'eft pas grande , mais elle eft propre & bien arrangée ; on y voit d'immenfes marmites , placées fur des fourneaux comme dans nos hôpitaux. Les habitantes de la maifon mangent au réfectoire ; elles ont tous les jours de la viande & des légumes : le prix qu'elles payent eft trois shellings & demi par femaine , à-peu-près huit fols par jour ; elles n'ont pas de fouper , & je crois que la maifon ne fournit à déjeûner que le pain. Cette dépenfe & celle qu'elles peuvent faire pour le chauffage & la lumiere étant prélevées , elles jouiffent du fruit de leur travail , qui eft plus que suffiſant pour les entretenir. Cette maiſon a auſſi un lieu de priere, mais il ne ſert que pour celle qu'on fait tous les ſoirs, car les dimanches on va à l'égliſe. Il y a un orgue dans cette chapelle, & j'y vis pluſieurs inſtrumens de muſique ſuſpendus à des cloux. Je quittai Madame de Gaſtorff très content de ſa réception & j'allai à l'égliſe; elle eſt ſimple & ne differe gueres de celles que j'avois vue au *Moravian-Mill*. On y remarque auſſi pluſieurs tableaux de piété. De là je me rendis à la maiſon des hommes célibataires *Single-men*. J'entrai chez l'Intendant de cette maiſon & je le trouvai occupé à copier de la muſique. Il avoit dans ſa chambre un *forte piano* aſſez médiocre, fait en Allemagne. Je lui parlai muſique & je trouvai qu'il étoit non-ſeulement muſicien, mais compoſiteur; de ſorte qu'ayant paſſé avec lui dans la chapelle je le priai de jouer de l'orgue : il joua des caprices dans leſquels il fit entrer beaucoup d'harmonie & de progreſſions de baſſe. Cet homme, dont j'ai oublié le nom, eſt né à New-York, mais il a paſſé ſept ans en Allemagne & il en étoit arrivé récemment. Je le trouvai plus inſtruit que les autres ; cependant ce ne fut pas sans quelque peine que je tirai de lui les détails suivans : Les freres Moraves, dans quelque endroit du monde qu'ils se trouvent, vivent sous le régime de leurs Métropolitains, lesquels habitent en Allemagne. C'est de là que les directeurs de la société envoyent des Commissaires pour régir les différens établissemens qu'elle a formés. Ce sont les mêmes Métropolitains qui avancent les fonds nécessaires pour ces établissemens : ces fonds rentrent à mesure que les Colonies prospèrent ; ainsi le revenu des moulins dont j'ai déja parlé, de même que celui des fermes & des manufactures de Bethléem, sont employés, d'abord à payer les dépenses de la communauté, & ensuite à rembourser les intérêts & les fonds des avances faites en Europe. Bethléem, par exemple, possède une propriété territoriale achetée par les Moraves d'Europe ; cette propriété consiste en quinze cens acres de terre qui forment une vaste ferme, laquelle est tenue par un régisseur qui en rend compte à la communauté. Si un particulier veut avoir un lot de terre, il faut qu'il l'achete du public ; mais

à cette condition ; qu'en cas de défection de la
secte, ou d'émigration du lieu, il ne pourra la
remettre qu'à la communauté, qui lui remboursera
alors ce qu'il aura payé. Quant aux opinions, cette
secte est plus près des Luthériens que des Cal-
vinistes : elle diffère de ceux-ci en ce qu'elle ad-
met dans les églises, la musique, les images, &c. ;
& des derniers, en ce qu'elle n'a point d'Evêque
& qu'elle est gouvernée par un synode. Quant
à la police ou à la discipline, elle a quelque chose
de monacale, puisqu'elle recommande le célibat,
sans toutes fois l'ordonner, & qu'elle tient les
hommes très séparés des femmes. Il y a une maison particuliere pour les veuves dans laquelle
je ne suis pas entré. On voit que les deux sexes
étant ainsi séparés dans la vie habituelle, il n'existe
gueres de ces connexions familieres qui conduisent
au mariage ; il est même contre l'esprit de cette
secte de se marier par inclination. Un jeune homme
se trouve-t-il assez aisé pour avoir une maison à
lui & pour soutenir une femme & des enfans ;
il se présente au Commissaire & lui demande une
fille ; celui-ci lui en propose une, qu'il peut, à

la

la vérité, ne pas accepter ; mais il eſt contre l'uſage qu'on déſigne, qu'on choiſiſſe ſoi-même celle qu'on veut épouſer. Auſſi la Colonie Moravienne ne s'eſt-elle pas multipliée à beaucoup près autant que les autres Colonies américaines : elle eſt compoſée à Bethléem de ſix cens perſonnes à-peu-près, dont plus de moitié vit dans le célibat, & il ne paroît pas qu'elle ait augmentée depuis pluſieurs années. Au reſte on y prend toute ſorte de précaution pour aſſurer la ſubſiſtance des freres : dans les maiſons deſtinées aux célibataires des deux ſexes, il y a des maîtres qui enſeignent différens métiers.

La maiſon des célibataires que je vis en détail, ne differe pas de celle des filles ; je ne citerai qu'une ſeule choſe qui m'a paru digne d'être remarquée, c'eſt un moyen très commode qu'ils ont imaginé pour ſe faire éveiller à l'heure où ils veulent ſe lever : tous les lits ſont numérotés, & près de la porte eſt une ardoiſe ſur laquelle tous les numéros ſont enregiſtrés : celui qui veut s'éveiller de bonne heure, comme, par exemple, à cinq heures du matin, ſe contente d'écrire un 5 au-deſſous de ſon

numéro ; les domestiques qui prennent soin de la
chambre, sont suffisamment avertis, & le lendemain, à l'heure indiquée, ils vont droit au N°.
du dormeur, sans avoir besoin de savoir son nom.
Avant de sortir de cette maison, je montai sur le
faîte de l'édifice, où l'on a pratiqué un belveder ;
de là je pus voir la petite ville de Bethléem & ses
environs : elle est composée de soixante-dix ou
quatre-vingt maisons ; il y en a encore quelques-
unes qui appartiennent à cette colonie, & qui sont
distantes d'un mille ou deux du chef-lieu : elles
sont la plupart assez jolies & bâties de pierres.
Chaque maison a un petit jardin cultivé avec soin.
En retournant chez moi, je fus curieux de voir la
ferme : je la trouvai assez bien arrangée, mais le
logement en étoit moins propre & moins bien
tenu que dans les fermes angloises ; c'est que les
mœurs des Moraves sont encore tudesques comme
leur langage. Enfin, à dix heures & demie, je
rentrai à l'auberge où j'étois attendu par mon coq de
bois, deux gelinottes & beaucoup d'autres bonnes
choses, de sorte que je fus encore plus content de
mon déjeûner que de ma promenade. Je partis à

midi pour aller à vingt milles de là, dans une auberge appellée *Kalf-tavern*; c'est une maison allemande assez pauvre & assez mal-propre. Nous avions passé la branche de l'est de la Delaware à un mille de Bethléem : il n'y a ni ville ni village sur le chemin, mais les bourgs auxquels appartiennent les maisons que nous vîmes, sont *Socconock* & *Springfield*. Le 12, je déjeûnai à Montgomery, à douze milles de Kalf-tavern, & passant ensuite à White-march & à German town, j'arrivai à Philadelphie vers cinq heures après midi.

A Philadelphie, le 24 Décembre 1732.

LETTRE

DE

M. LE MARQUIS DE CHASTELLUX

A

M. MADISSON,

Profeſſeur de Philoſophie à l'Univerſité de Williamsburg.

JE n'ai pas oublié, Monſieur, les engagemens que j'ai pris avec vous à mon départ de Williamsburg : ils me rappellent l'amitié dont vous avez bien voulu m'honorer, & cette flatteuſe prévention en ma faveur, qui en étoit la conſéquence. Mais je crains d'avoir promis plus que je ne pouvois tenir ; du moins ferai-je de bonne foi dans l'eſpece de banqueroute qne je ſuis obligé de faire : en vous donnant une pleine connoiſſance de mes foibles reſſources, j'obtiendrai peut-être que vous me jugiez encore avec cette indulgence à laquelle vous m'avez ſi fort accoutumé. Les objets ſur leſquels je comptois plutôt vous demander vos lumieres que vous offrir les miennes, exigeroient de longues & de paisibles méditations; & depuis que je suis parti de Virginie, j'ai toujours voyagé, tantôt par devoir avec les troupes, tantôt pour satisfaire ma curiosité qui m'a conduit dans l'est de l'Amérique, & jusques dans le New-Hampshire. Mais quand même ma vie auroit été plus tranquille, je n'en aurois pas été peut-être plus en état de remplir vos vues. Mon esprit aidé, excité par le vôtre, trouvoit près de vous des forces qu'il a perdues depuis; & si, dans nos entretiens, j'ai exprimé quelques idées qui ont mérité votre approbation, ce n'est pas précisément à moi qu'elles appartenoient, mais à l'interlocuteur d'un dialogue avec M. Madisson. Il faut maintenant que je paroisse dans toute ma foiblesse, & même avec ce désavantage de plus, que le tems & le loisir me manquent à-la-fois, non-seulement pour rectifier mes pensées, mais même pour les jetter sur le papier. N'importe, je vais commencer, persuadé que vous suppléerez aisément à tout ce que je serai obligé d'omettre, & que le mérite de cet essai, s'il peut en avoir, sera d'être achevé par vous.

Le sujet le plus fréquent de nos entretiens étoit le progrès que les sciences & les arts devoient faire en Amérique, & l'influence qu'il ne manqueroit pas d'exercer sur les mœurs & sur les opinions. Il semble que tout ce qui appartient au gouvernement & à la législation, n'est point fait pour entrer dans de pareilles considérations ; & sans doute un étranger doit, autant qu'il est possible, éviter de traiter une matiere dont il ne peut être juge compétent. Mais, dans le monde moral comme dans le monde physique, rien n'est isolé, nulle cause n'agit seule & indépendante. Soit que nous considérions les beaux arts & les jouissances qu'ils produisent, comme une délicieuse ambroisie que les Dieux ont bien voulu partager avec nous, soit que nous les regardions comme un poison dangereux, cette liqueur, ou bienfaisante ou funeste, sera toujours modifiée par le vase qui l'aura reçue. Il est donc nécessaire d'arrêter un moment nos regards sur la constitution politique du peuple américain : mais qu'il me soit permis de rappeller ici un principe que j'ai établi & développé ailleurs (1); c'est

____

(1) *Voyez* le Livre de la Félicité publique.

que le caractere, le génie d'un peuple, n'eſt pas
uniquement le produit du gouvernement qu'il a
adopté, mais dés circonſtances dans leſquelles ce
peuple s'eſt formé. Locke, & après lui, Rouſſeau
ont obſervé que l'éducation des hommes devoit
commencer dès le berceau, c'eſt-à-dire au moment où les premieres habitudes ſont contractées:
il en eſt de même des Etats. Longtems on put
reconnoître dans les Romains riches & puiſſans les
mêmes brigands que Romulus avoit raſſemblés
pour les faire vivre de rapine ; & de nos jours, les
François dociles & policés, peut-être juſqu'à
l'excès, conſervent encore les traces de l'eſprit
féodal, tandis que les Anglois, au milieu des cla-
meurs contre l'autorité royale, laiſſent toujours appercevoir un reſpect pour la Couronne, qui rappelle
l'époque de la conquête & le gouvernement des
Normands. Ainſi *tout ce qui eſt, participe de ce qui
a été*; & pour bien connoître un peuple, il ne
faut pas moins étudier ſon hiſtoire que ſa légiſlation. Si donc on veut ſe faire une idée de la république américaine, il ne faut pas confondre les
Virginiens qu'un eſprit auſſi guerrier que mer-cantile

tile, aussi ambitieux que spéculatif, a conduit sur
le continent, avec les nouveaux Anglois qui doivent leur origine à l'enthousiasme religieux ; il ne
faut pas croire trouver précisément les mêmes
hommes en Pensylvanie, où les premiers colons ne
songèrent qu'à peupler & à cultiver les déserts, &
dans la Caroline méridionale où la production de
quelques denrées privilégiées fixe l'attention générale sur le commerce extérieur, & établit des
connexions nécessaires avec l'ancien monde. Ob-
servons en passant que l'agriculture qui fut l'occu-
pation des premiers colons, n'étoit pas un moyen
suffisant de les assimiler les uns aux autres, parce
qu'il est des genres de culture qui tendent à maintenir l'égalité des fortunes, & d'autres qui tendent
à les détruire.

En voilà assez pour prouver que les mêmes principes, les mêmes opinions, les mêmes habitudes
ne peuvent pas se rencontrer dans les treize Etats-
Unis, quoiqu'ils soient tous soumis à-peu-près au
même gouvernement ; car quoique toutes leurs
constitutions ne soient pas pareilles, c'est par-tout
un gouvernement démocratique, & un gouverne-

ment de *représentation*, où le peuple donne son suffrage par ses Délégués. Mais si nous voulons négliger les nuances qui distinguent entr'eux ces peuples confédérés, si nous n'envisageons les treize Etats que comme une seule nation, nous observerons qu'elle doit conserver longtems l'impression des circonstances qui l'ont conduite à la liberté. Tout philosophe qui connoît les hommes, & qui a étudié les ressorts qui les font mouvoir, doit être convaincu que, dans la révolution présente, les Américains ont été guidés par deux principes, tandis qu'ils croyoient peut-être n'obéir qu'à un seul. Il distinguera dans leur législation, dans leurs opinions, un principe *positif* & un principe *négatif*. J'appelle principe positif tout ce que la seule raison pouvoit dicter, dans un tems aussi éclairé que celui-ci, à des peuples qui choisissoient l'espece de gouvernement qui leur convenoit le mieux ; j'appelle principe négatif tout ce qu'ils ont fait par opposition aux loix & aux usages d'une puissance ennemie, pour laquelle ils avoient contracté une juste aversion. Frappé des inconvéniens dont le gouvernement d'Angleterre offroit l'exemple, on s'eft tourné du côté oppofé, & on a cru qu'on ne pourroit jamais s'en trop écarter. C'eft ainfi qu'un enfant qui a rencontré un ferpent dans fon chemin, ne fe contente pas de l'éviter, & fuit bien au-delà de l'endroit où il feroit à l'abri de fes morfures. En Angleterre, un parlement feptennal invite le Roi à acheter une majorité fur laquelle il peut compter pour long-tems ; les affemblées américaines feront donc annuelles : de l'autre côté de la mer, le pouvoir exécutif, trop libre dans fon action, échappe fouvent à la furveillance de l'autorité légiflative ; fur ce continent, tout Officier, tout Miniftre du peuple fera fous la dépendance immédiate des affemblées, de forte que le premier foin qu'il aura en entrant en place, fera de rechercher la faveur populaire pour une nouvelle élection : chez les Anglois, les emplois donnent, procurent des rangs & des ri-cheffes, & élevent fouvent trop haut ceux qui en font revêtus ; chez les Américains, les offices, ne donnant ni argent ni confidération, ne feront à la vérité ni brigués ni achetés : mais ils feront fi peu eftimés que fouvent les meilleurs d'entre les citoyens les éviteront au lieu de les rechercher ; de forte que ces emplois feront livrés à des hommes nouveaux & inconnus, les feuls qui puiffent y trouver quelques avantages.

En continuant d'envifager les treize Etats-Unis fous un point de vue général, nous obferverons encore d'autres circonftances qui ont influé, tant fur les principes du gouvernement que fur l'efprit national. Ces treize Etats ont été d'abord des colonies ; or le premier befoin qui fe fait fentir dans les colonies naiffantes, c'eft la pouplation : je dis dans les colonies naiffantes, car je doute que ce befoin exifte à préfent autant qu'on a coutume de fe le figurer ; mais ce dont je fuis bien fûr, c'eft qu'on croira le fentir encore, longtems après qu'il aura ceffé ; longtems on raifonnera de la maniere fuivante : il faut attirer des étrangers parmi nous ; pour les attirer, il eft indifpenfable de leur donner tous les avantages poffibles : tout ce qui fera une fois dans l'Etat, fera donc confidéré comme membre de l'Etat, comme véritable citoyen. Ainfi un an de féjour dans le même lieu fuffira pour conftater le domicile, & tout domicilié aura droit

de voter, formera une quotité quelconque de la
souveraineté ; d'où il résultera que cette souveraineté se communiquera, se divisera sans demander
aucun gage, aucune caution, à celui qui s'en trouvera investi. C'est que jusqu'ici on n'a considéré
parmi les émigrans que ceux qui venoient d'Europe, lesquels étoient supposés devoir se fixer dans
le premier endroit où ils formeroient un établissement : cependant on verra un jour des émi-
grations fréquentes d'Etat à Etat ; les ouvriers se
transplanteront souvent ; il en est même que leur
genre d'industrie obligera de changer de place, &
alors il pourra paroître un peu surprenant que des
élections d'un district du Connecticut, soient déci-
dées par des habitans de New-York ou de Rhode-
Island.

Quelques écrivains politiques, & sur-tout les plus
modernes, ont avancé que la propriété seule devoit
constituer le véritable citoyen. Ils ont pensé que
celui-là seul dont la fortune est nécessairement liée
avec celle de l'Etat, a droit d'être membre de
l'Etat. En Amérique, on leur fait une réponse
assez spécieuse : parmi nous, dit-on, la propriété

territoriale eſt ſi aiſée à acquérir, que tout ouvrier, en état de travailler de ſes mains, peut être regardé comme un homme qui ſera bientôt propriétaire. Mais l'Amérique peut-elle reſter longtems dans cette ſituation? & le régime qu'elle avoit dans ſon enfance, lui conviendra-t-il, à préſent qu'elle a pris la robe virile?

Voici, Monſieur, une queſtion délicate que je ne peux faire qu'à un philoſophe tel que vous. En établiſſant chez eux un gouvernement purement démocratique, les Américains avoient-ils un véritable amour de la démocratie? Et s'ils ont voulu que les hommes fuſſent égaux, n'eſt-ce pas ſeulement, parce que, par la nature des choſes, ils l'étoient, à-peu-près, parmi eux? Car pour que le gouvernement populaire exiſte dans toute ſon intégrité, il ne ſuffit pas de n'admettre ni rang, ni nobleſſe: la richeſſe établit toujours des différences marquées & d'autant plus grandes qu'il n'en exiſte pas d'autres. Or tel eſt le bonheur actuel de l'Amérique, qu'il ne s'y trouve pas de pauvres, que chacun y jouit d'une certaine aiſance & d'une certaine indépendance, & que ſi quelques particuliers en ont

obtenu une moindre proportion que les autres, ils
sont tellement entourés de reffources, qu'on voit
plutôt leur état futur que leur état préfent. Telle
eft cette tendance générale à un état d'égalité, que
les mêmes jouiffances qui par-tout ailleurs feroient
regardées comme fuperflues, font confidérées ici
comme néceffaires. C'eft ainfi que le falaire d'un
ouvrier ne doit pas feulement repréfenter fa fubfiftance & celle de fa famille, mais encore les
meubles, propres & commodes de fa maifon, le thé
& le café que prendra fa femme, & la robe de foie
qu'elle mettra toutes les fois qu'elle fortira de chez
elle ; & c'eft-là une des principales caufes de cette
cherté de la main-d'œuvre qu'on attribue généralement au manque de bras. Maintenant, Monfieur,
fuppofez que l'accroiffement de la population ré-
duife l'état de vos artifans à celui qu'ils ont en
France & en Angleterre, croyez-vous que vos
principes foient affez démocratiques, pour que les
propriétaires & les gens aifés les regardent encore
comme leurs égaux ?.... J'irai plus loin, dans la
confiance que la jufteffe de votre jugement recti-
fiera tout ce que vous trouverez de trop fubtil ou

de trop fpéculatif dans mes idées. Je vous demanderai donc fi, croyant avoir la démocratie
la plus parfaite, vous ne feriez pas parvenu infenfiblement au point d'en être plus éloigné que
toute autre république. Rappellez-vous que, lorfque le fénat romain fut obligé de renoncer à fes
principes tyranniques, il crut en effacer jufqu'à
la trace, en rendant les honneurs confulaires accef-
fibles aux plébéiens. Alors cette claffe nombreufe
& longtems opprimée, fe trouva relevée par le feul
efpoir qui étoit ouvert à un petit nombre de ceux
qui la compofoient. Ils refterent pauvres pour la
plupart, mais ils fe confoloient en difant, *nous
pouvons devenir Confuls*. Obfervez maintenant
que, dans la forme actuelle de votre gouvernement, vous n'avez pas attaché affez de grandeur
& de dignité à aucune place, pour qu'elle puiffe
illuftrer ceux qui la rempliffent; bien moins encore
la claffe entière dont ils font tirés. Vous avez
rejetté loin de vous toute diftinction héréditaire,
mais en avez-vous affez donné de perfonnelles?
avez-vous réfléchi que ces diftinctions, loin d'être
moindres que celles qui avoient lieu parmi les

Grecs & les Romains, devoient plutôt les sur-
passer? La raison en est bien simple : l'effet des
honneurs & des distinctions est d'autant plus marqué, qu'il agit sur un plus grand nombre d'hommes
assemblés. Lorsque Cneïus Duillius, en revenant
de souper, étoit reconduit chez lui au son des
instrumens, toute la ville de Rome en étoit témoin : accordez les mêmes honneurs au Gouverneur Trumbull (1); il y aura tout au plus à
Lebanon trois maisons qui entendront la sym-
phonie. Enfin il faut que les hommes soient mus
par quelque principe ; & ne vaut-il pas mieux que
ce soit par la vanité que par l'intérêt? Je crois
que l'amour de la patrie fera toujours un puissant
moyen ; mais ne vous flattez pas qu'il existe long-
tems avec la même vivacité. Les plus grands efforts
de l'ame, comme ceux du corps, sont dans la
résistance, & il en peut arriver de l'État comme

---

(1) M. *Trumbull*, Gouverneur du Connecticut, habite la ville
de *Lebanon* qui occupe une lieue de pays, & où il n'y a pas six
maisons qui soient à moins d'un demi-quart de lieue de distance les
unes des autres.

des

des opinions, auxquelles on ceſſe d'être attaché lorſqu'elles ne ſont pas conteſtées.

Voilà, Monſieur, bien des objets qui viennent de paſſer ſous nos yeux. Nous n'avons fait que les appercevoir, mais pour les mieux diſtinguer, il faudroit des yeux plus perçans que les miens. Vous tenez le téleſcope ; appliquez y vos régards & vous en ferez bon uſage. Ma tâche ſera remplie ſi je puis ſeulement vous prouver qu'ils ne ſont pas étrangers à mon ſujet. Je dirai donc que pour ſavoir à quel point, & ſur quel principe vous de‑ vez admettre les ſciences & les arts dans votre nation, il faut connoître d'abord quelle eſt ſa tendance naturelle ; car on peut diriger le cours des fleuves, mais non pas les faire remonter vers leur ſource. Or, pour connoître la tendance na‑ turelle d'une nation, il faut examiner non‑ſeule‑ ment ſa légiſlation actuelle, mais encore les oppoſitions qui peuvent exiſter entre le gouver‑ nement & les préjugés, entre les loix & les habitudes ; enfin la réaction que ces moteurs différens peuvent exercer les uns ſur les autres. Dans le cas préſent, par exemple, il eſt impor‑

tant de prévoir à quel point la démocratie prévaudra en Amérique, & si l'esprit de cette démocratie tend à l'égalité des fortunes, ou seulement à l'égalité des rangs. Il est triste d'avouer que c'est à une très grande inégalité dans la distribution des richesses que les beaux arts doivent leurs époques les plus brillantes. Au tems de Periclés, des trésors immenses furent concentrés dans Athènes, sans qu'ils y trouvassent un emploi préparé : sous le regne d'Auguste, Rome dut aux dépouilles du monde l'acquisition des beaux arts, si les beaux arts furent jamais bien naturalisés à Rome, & sous celui des Jules & des Léon X. le faste & les richesses ecclésiastiques, poussés au plus haut dégré, enfanterent les prodiges de cet âge fameux. Mais ces époques célebres dans l'histoire des arts, sont celles de leur naissance ou de leur renaissance, & de pareilles conditions ne sont pas nécessaires pour les maintenir dans l'état florissant & prospere auquel il sont parvenus. Il en est une pourtant que nous n'avons pas indiquée & qui paroît indispensable, tant pour les conserver que pour les établir. Les arts, n'en doutons point, ne peuvent fleurir qu'au milieu d'un grand nombre d'hommes raffemblés. Il leur faut de grandes villes ; il leur faut des Capitales. L'Amérique en a cinq qui paroiffent prêtes à les recevoir dans leur fein : vous les nommerez vous-même : Bofton, New-York, Philadelphie, Baltimore & Charles-Town. Mais ce font des ports de mer. Le commerce, on ne peut le diffimuler, a plus de magnificence que de goût ; il paye plutôt les artiftes qu'il ne les encourage. . . . Ce font deux grandes queftions à réfoudre, favoir fi les grandes villes font utiles ou nuifibles à l'Amérique, & s'il eft à fouhaiter que les villes de commerce foient des villes capitales. Peut-être croira-t-on avoir décidé la premiere par cette feule réflexion, que la vie rurale eft celle qui convient le plus aux hommes, qui contribue le plus à leur bonheur, & à la confervation de la vertu, fans laquelle il n'y a pas de bonheur. Mais il faut fe fouvenir que cette même vertu, ces heureufes difpofitions, ces paifibles amufemens dont on jouit à la campagne, font fouvent une acquifition faite à la ville. Si la nature n'eft rien pour celui qui n'a pas appris à l'obferver,

S 2

la retraite eſt ſtérile pour l'homme qui n'a pas
d'inſtruction ; or , cette inſtruction , c'eſt à la
ville qu'il faut l'aller prendre. Ne confondons
point l'homme retiré à la campagne avec l'homme
élevé à la campagne. Le premier eſt le plus parfait de ſon eſpece , & quelquefois le ſecond mérite à peine de lui appartenir. En un mot, il
faut une éducation, je dis plus, il faut avoir vécu
avec un certain nombre d'hommes, pour ſavoir
bien vivre dans ſa propre famille. Me contente-
rai-je , pour abréger, de vous exprimer mes ſou-
haits ? Je voudrois qu'autant qu'il ſeroit poſſible,
chaque état de l'Amérique eût une capitale qui
fût le ſiége du gouvernement, mais non pas une
ville de commerce. Je voudrois que cette capitale fût placée au centre de la République ;
de façon que tout citoyen aſſez riche pour ſoigner
l'éducation de ſes enfans & pour goûter les plai-
ſirs de la ſociété , pût l'habiter quelques mois de
l'année, ſans y faire ſon unique domicile, ſans
renoncer à ſa précieuſe campagne. Je voudrois
qu'à une petite diſtance , mais plus grande ſeulement que celle qui ſépare Cambridge de Boſton,

on établit une Univerſité, où le droit civil &
public & toutes les hautes ſciences, fuſſent enſei-
gnées, dans un cours d'étude qu'on ne commen-
ceroit qu'à quatorze ans & qui ne dureroit que
trois ans. Je déſirerois encore que dans cette
capitale & dans ſon annexe, fût conſervé, comme
le feu ſacré, le véritable eſprit national ; c'eſt-
à-dire, celui qui s'allie parfaitement avec la liberté & le bonheur public. En effet, il ne faut
pas ſe flatter de modifier à ſon gré les villes
marchandes. Le commerce eſt plus ami de la liberté individuelle que de la liberté publique ; il ne
fait pas de diſtinction entre citoyens & étrangers.
Une ville de commerce eſt un réceptacle commun
où chacun porte ſes mœurs, ſes opinions & ſes
habitudes, & ce ne ſont pas toujours les meilleurs
qui prévalent. Anglois, François, Italiens, tous
ſe mêlent, tous perdent un peu de leur caractere
propre, & en communiquent à leur tour ; de ſorte
que ni les défauts, ni les vertus ne paroiſſent
dans leur intégrité ; à-peu-près comme dans les
tableaux des grands artiſtes, les différens reflets de
lumieres ſe trouvent tellement multipliés qu'ils

ne laiffent fubfifter aucune couleur dans fon état primitif & naturel.

Quoiqu'il femble que je ne puiffe terminer cet article fans parler du luxe, j'ai pourtant quelque répugnance à employer un mot dont le fens n'eft pas bien déterminé. Pour éviter ici toute ambiguité, je le confidérerai feulement *comme une dépenfe abufive dans fes rapports, foit avec la fortune des particuliers, foit avec leur état.* Dans le premier cas l'idée de luxe tient à celle de diffipation, & dans le fecond, à celle de fafte. Eclairciffons notre penfée par quelqu'exemple : fi un marchand hollandois dépenfe fon bien en fleurs & en coquilles, l'efpece de luxe dans lequel il eft tombé eft feulement relative à fes moyens, parce que fon goût l'a mené plus loin que fes facultés ne pouvoient le permettre. Mais fi dans une République, un citoyen très riche dépenfe feulement une partie de fa fortune à conftruire un palais fuperbe, le luxe qu'on lui reproche eft alors proportionel à fon état ; il choque le public, comme un maintien fier & arrogant infpire de l'éloignement & de la haine.

Il faut rendre justice au commerce, il aime plus les jouissances que le luxe ; & si on le voit quelquefois passer les limites, c'est plutôt par imitation que par une pente naturelle. En France & Angleterre, on voit quelques négocians fastueux, mais ce sont les grands Seigneurs qui ont donné l'exemple. Il est un autre abus plus ridicule & moins coupable, dont le commerce n'est point à l'abri : c'est la mode. Sans doute elle doit regner par-tout où il y a un grand nombre d'étrangers ; car ce qui est *usage* chez eux, devient *mode* lorsqu'ils l'établissent ailleurs. D'un autre côté les nombreuses correspondances, l'intérêt même des négocians qui consiste à provoquer, à exciter le goût des consommateurs, tendent à établir, à assurer l'empire de la mode. Quel obstacle doit-on y opposer ? Je me propose cette question avec plaisir, parce qu'elle me ramene aux beaux arts par un chemin indirect. Je demanderai quel a été le remede à ces caprices de l'opinion qui ont enfanté tant d'erreurs, tant de révolutions ? N'est-ce pas la raison & la philosophie ? Eh bien ! le remede contre les caprices de la mode, c'est l'étude des arts, la connoiſſance du beau idéal, la perfection du goût. Mais quoi! eſpérez-vous fixer ce goût juſqu'ici ſi variable? Combien de fois a-t-il changé? Combien ne changera-t-il pas encore? Je continuerai de répondre à la maniere de Socrate, en interrogeant moi-même, & je dirai: combien d'opinions ridicules n'ont pas prévalu dans le monde, depuis les ſophiſtes de la Grece, juſqu'aux théologiens de nos jours? Cependant la raiſon n'a-t'elle pas commencé à reprendre ſes droits; & croyez-vous qu'une fois recouvrés, elle les perde jamais? Pourquoi voudriez-vous que des choſes frivoles, telles que les meubles & la parure, ſe fuſſent perfectionnés avant la religion & la légiſlation? Ne ceſſons pas de le répéter: ſous tous les rapports poſſibles, l'ignorance eſt la ſource du mal, & la ſcience celle du bien.... Eh! ne voyez-vous pas que les Grecs qui avoient, on ne ſait comment, acquis de très bonne heure des notions ſi juſtes ſur les arts & ſur le goût, ne voyez-vous pas, dis-je, qu'il n'ont jamais varié dans leurs modes, témoin les ſtatues qui ont été faites à Rome par des artiſtes grecs;

témoin l'habillement si noble & si élégant que ces peuples conservent encore en vivant au milieu des Turcs. Elevés donc des autels aux beaux arts, si vous voulez détruire ceux du caprice & de la mode. Goutez, favourez le nectar & l'ambroisie, si vous craignez de vous enivrer avec des liqueurs communes.

Peut-être, Monsieur, ce qui va suivre ne devroit-il vous être dit qu'à l'oreille. Je vais traiter un sujet délicat, j'ose toucher à *l'arche*. Mais croyez que depuis trois ans que je suis en Amérique, les progrès de la parure des femmes ne m'ont pas échappé. Si j'en ai joui comme un homme sensible, si les résultats de ces progrès n'ont pas trouvé en moi des regards indifférens, mon âge & mon caractere doivent vous être garans que je les ai observés en philosophe. Eh bien ! Monsieur, c'est en cette qualité que j'en prends la défense, aussi long-tems, cependant, que les choses ne feront pas poussées trop loin. La vertu des femmes, qui est plus productrice de bonheur, même pour les hommes, que toutes les jouissances du vice, s'il en a de véritables ; la vertu des fem-

mes, dis-je, a deux égides qui servent à sa défense:
l'un est la retraite, l'éloignement de tout danger;
c'est le trésor caché, dont parle M. de la Roche-
foucault, intact parce qu'on ne l'a pas découvert;
l'autre est la fierté, sentiment toujours noble dans
ses rapports avec nous-mêmes. Qu'elles sachent s'apprécier; qu'elles s'élevent même à leur propre
yeux, & rapportez-vous-en à cet orgueil estimable,
pour la conservation de leur vertu comme pour celle
de leur renommée. Ceux qui aiment seulement le
plaisir, corrompent le sexe dont ils ne font qu'un
instrument de volupté; ceux qui aiment les
femmes, les rendent meilleures en les rendant plus
aimables. Mais, me direz-vous, est-ce par la
parure, par les charmes extérieurs, qu'elles doivent
établir leur empire? Oui, Monsieur, toute femme
doit chercher à plaire; c'est l'arme que la nature
lui a donnée pour compenser sa foiblesse. Sans
cela elle est esclave, & une esclave peut-elle avoir
des vertus? Rappellez-vous le mot *decus*, dont
nous avons fait *décence*; sa premiere signification
est *ornement*. Une femme sale & négligée n'est
pas décente; elle ne peut inspirer de respect. Je

ne suis déja permis d'exprimer ma pensée par mes souhaits : je desire donc que les femmes américaines soient bien mises ; mais je veux que leur parure soit simple. Elles ne sont point faites pour représenter la sévérité de la législation ; mais elles ne doivent pas contraster avec cette sévérité, & paroître y insulter. L'or, l'argent, les diamans seront donc bannis de la parure américaine ; quelle excuse auroit-on pour un luxe qui ne sied pas ? Au reste, Monsieur, cette indulgence que j'ai pour la toilette des femmes, je suis loin de l'avoir pour celle des hommes. Je ne crains pas de le dire, j'aurois bien mauvaise opinion d'eux, si dans un pays où il n'y a ni étiquette ni titre, ni distinctions particulieres, ils donnoient jamais dans le luxe des habits ; luxe que les François même ont abandonné, excepté pour les noces ou les fêtes, & qui n'existe plus qu'en Allemagne & en Italie, où certainement vous n'irez pas chercher des modeles.

Observez, Monsieur, que sans nous en appercevoir, nous avons préparé le chemin aux beaux arts, en écartant les principaux obstacles qu'on pouvoit leur oppofer ; car, fi loin de rendre les peuples vains & frivoles , ils les préfervent plutôt des excès du luxe & des caprices de la mode , ils ne feront certainement pas confidérés comme dangereux ou nuifibles. Peut-être vous reftera-t-il quelque fcrupule fur l'article du luxe ; mais rappellez-vous, fi vous le voulez bien, la définition que j'en ai donnée , & fi vous faites attention que toute fortune qui excede le néceffaire, produit infenfiblement une richeffe mobiliaire quelconque, telle que des meubles précieux , des bijoux d'or & d'argent , une vaiffelle fomptueufe, &c. vous verrez que ces épargnes conftantes fur les revenus annuels feroient bien mieux employés en peinture , en fculpture & en toute autre production des arts. Le luxe , avons nous dit, eft fouvent un emploi abufif des richeffes , relativement à l'état de celui qui les poffede. Or, quel fafte y a-t-il à poffeder un beau tableau, une belle ftatue ? Sûrement l'étalage d'un buffet magnifique bleffera plus les yeux d'un voifin mal à fon aife , qu'un joli cabinet orné de peinture. Je doute même qu'on porte autant d'envie au particulier qui tient un muficien à ses gages, qu'à celui qui entretient des chevaux de course & une meute de chiens.

Mais nous allons plus loin : ce ne sont pas seulement les ouvrages des beaux arts dont il s'agit d'assurer la possession à l'Amérique ; ce sont les beaux arts eux-mêmes qu'il faut placer dans son sein. Si je desire qu'elle achete des tableaux, c'est pour qu'elle ait des peintres ; si je l'encourage à faire venir des musiciens, c'est pour qu'elle soit musicienne à son tour. Qu'elle ne craigne pas le sort des Romains, à qui elle a l'orgueil apparent, mais l'humilité réelle, de se comparer. Les Romains, féroces, injustes, avides par caractere & fastueux par vanité, purent acheter les chefs-d'œuvre des arts, & non pas le goût des arts. Les Américains, venus pour la plûpart des pays les plus policés de l'Europe, n'ont à se dépouiller d'aucun préjugé barbare. C'est aux colonies grecques qu'ils doivent plutôt ressembler ; & certainement Syracuse, Marseille, Crotone, Agrigente n'eurent rien à envier à leurs métropoles. Il est une base sur laquelle peut reposer l'espoir de tous ceux qui, comme vous, sont également attachés

au bon goût & à la patrie. Vos concitoyens vivent,
& vivront long-tems près de la nature ; elle est
toujours sous leurs mains ; elle est toujours grande
& belle : qu'ils l'étudient, qu'ils la consultent, &
ils ne pourront s'égarer. Avertissez-les seulement
de s'en rapporter plus à elle qu'aux pédantes législ-
lations des Universités de Cambridge, d Oxford &
d'Édinbourg, qui, depuis longtems, ont établi une
espece de tyrannie dans l'empire de l'Opinion, &
ne semblent avoir composé un vaste Code *classique*,
que pour tenir tous les hommes en classe, comme
de véritables enfans.

Ainsi, Monsieur, vous aurez la jouissance complette des beaux arts, puisque vous serez artistes
vous — mêmes : mais n'est - il pas à craindre que
l'attrait puissant qu'ils exercent sur les ames sen-
sibles, ne détourne un peuple naissant de plusieurs
occupations plus utiles, quoique moins aggréables ?
Je suis loin de le penser : je crois au contraire que
l'avantage le plus distinctif, le plus particulier à
l'Amérique, c'est que ses rapides progrès ne sont
pas laborieux ; c'est qu'ils ne sont jamais dus à
l'excès du travail. Nul Américain qui n'ait deux

fois plus de loifir dans la journée qu'un Européen.
C'eft le befoin feul qui commande nos efforts pé-
nibles, & vous ne connoiffez pas le befoin. D'ailleurs vos hivers font longs & rigoureux, & beaucoup d'heures peuvent être épargnées pour la
fociété domeftique : encore cette réflexion n'a-t-
elle pour objet que les dernieres claffes du peuple.
Vous qui habitez en Virginie, vous favez combien
de tems on facrifie au jeu, à la table, à la chaffe.
Il y en a là plus qu'il n'en faut pour former des
Phidias & des *Polyclete*.

Vous infifterez peut-être, & me demanderez fi
le goût des arts & des lettres n'amollira pas vos
concitoyens ; s'il ne les rendra pas frivoles & vains ;
fi l'efprit national, fi les mœurs n'en fouffriront pas ;
enfin en admettant leur utilité, vous défirerez peut-
être que ces premiers progrès foient du moins
dirigés & conduits avec une certaine mefure. Je
crois que, dans plufieurs des obfervations précé-
dentes, vous pourriez trouver ce que nous cher-
chons maintenant. Mais il eft tems que j'établiffe
un principe général dont vous développerez mieux
que moi les conféquences étendues : *tant que le*

goût des arts saura s'allier avec la vie rurale & domestique, *il sera toujours avantageux à votre patrie, & vice versâ....* Les spectacles, les fastueuses assemblées, les courses de chevaux, &c. arrachent les hommes & les femmes de la campagne & leur en inspirent le dégoût. La musique, le dessin, la peinture, l'architecture attachent chacun à son domicile. Un clavecin est un voisin toujours à nos ordres, qui répond à toutes nos questions, & qui ne médit jamais. Trois ou quatre personnes des environs se réunissent pour passer la soirée ensemble : voilà un concert tout formé. Une jeune fille, dans sa longue oisiveté, s'amuse à dessiner : devenue femme & mere, elle dessine encore pour pouvoir enseigner à ses enfans ; & c'est-là un article important dont je n'avois pas encore fait mention. Voulez-vous que vos enfans vous soient longtems attachés ? soyez leurs instituteurs. L'éducation augmente & prolonge les rapports que vous avez avec eux ; elle ajoute à la considération, au respect qu'ils ont pour vous. Il faut longtems leur persuader qu'on en sait plus qu'eux ; & ce qu'on enseigne, on le fait toujours mieux que celui qui l'aprend.

l'apprend. En Amérique comme en Angleterre, les parens gâtent leurs enfans quand ils font petits, & les abandonnent à eux-mêmes dès qu'ils font grands. C'eſt que dans ces deux nations, l'éducation n'eſt jamais ni aſſez ſoignée, ni aſſez prolongée. Indulgente pour les enfans, lorſqu'ils font en bas-âge, elle en fait des petits tyrans domeſtiques ; négligente, lorſqu'ils font parvenus à l'adoleſcence, elle en fait des étrangers.

Maintenant, Monſieur, nous n'avons plus, à ce qui me ſemble, aucune bonne raiſon qui puiſſe nous empêcher d'attirer les beaux arts en Amérique. Malheureuſement il n'en eſt pas de même des artiſtes. Je ne crois pas pouvoir mieux exprimer la bonne opinion que j'ai des Américains, qu'en diſant qu'ils courront toujours quelque riſque lorſqu'ils recevront chez eux un étranger. Les Européens, il faut l'avouer, ont des vices dont vous êtes exempts, & ce ne font pas communément les meilleurs d'entr'eux qui s'expatrient, & ſur-tout qui paſſent les mers. Rendons cette juſtice aux peintres & aux ſculpteurs, que leurs travaux aſſidus, & principalement ce ſentiment du beau, ce goût

délicat qu'ils doivent avoir acquis, les rend affez
généralement meilleurs que les autres hommes.
il n'en eft pas de même pour la danfe & pour
la mufique ; ces arts font plus vulgaires, & demandent moins d'éducation. Je dois encore à l'exacte
juftice de faire une différence entre la mufique &
la danfe. L'ufage veut qu'on place cette derniere
parmi les beaux arts ; je ne m'y oppofe pas,
puifqu'elle fert à perfectionner notre extérieur &
à nous donner cette décence dont la fource eft le
refpect des autres & de foi-même. Mais l'apologie
de la danfe n'eft point celle des hommes qui en font
leur métier. Défiez-vous en général des maîtres qui
vous arriveront d'Europe ; défiez-vous même de
ceux que vous ferez venir. Il fera toujours beaucoup mieux de ne pas fe livrer aux hafards ; de
faire des foufcriptions dans chaque Etat, dans chaque ville, pour engager des artiftes à fe fixer parmi vous : mais ne vous en rapportez jamais qu'à
des correfpondans fûrs. L'emploi que vous leur
confierez, doit être facré à leurs yeux , & la plus
petite négligence de leur part feroit très crimi-
nelle : toutefois ils peuvent fe tromper ; & comme

il faudroit mieux différer pendant long-tems les progrès des arts que de corrompre les mœurs le moins du monde, je recommanderai principalement aux Américains de naturaliser les artistes étrangers, autant qu'il sera possible; de les assimiler, de les identifier aux habitans du pays; & pour cela je ne vois pas de meilleur moyen que de les rendre époux & propriétaires : faites enforte qu'ils se marient ; faites enforte qu'ils acquierent des terres, & qu'ils deviennent citoyens. C'est ainsi qu'en assurant l'empire des mœurs, vous préviendrez encore l'effet de ces préjugés nationaux, de ces dédains qui rendent les étrangers si ridicules & si odieux, & qui font rejaillir sur l'art même le dégoût qu'inspire l'artiste.

Désormais, Monsieur, agrandissons nos vues; les Beaux-Arts conviennent à l'Amérique : ils y ont déja fait des progrès, ils en feront de plus grands par la suite; nul obstacle, nulle objection raisonnable ne les arrêtera dans leur carriere ; c'est convenu, du moins entre nous. Voyons quel usage le Public, l'État, le Gouvernement peuvent en faire. Ici, un vaste champ s'offre à nos spécula-

tions ; mais comme il n'eſt pas de regards qui ne
puiſſent l'embraſſer ou le parcourir, je fixerai les
miens ſur l'objet qui les a le plus frappés. Rappellez-vous, Monſieur, ce que j'ai dit plus haut, relativement aux offices & aux dignités publiques ; j'ob-
ſervois qu'une jalouſie, peut-être légitime en ſoi,
mais pouſſée à l'extrême, avoit rendu parmi vous
les honneurs trop rares & les récompenſes trop
médiocres… Appellez les Beaux-Arts au ſecours
d'une légiſlation timide : elle ne donne ni rang, ni
diſtinction permanente ; qu'elle prodigue les ſtatues, les médailles, les monumens. L'Europe
étonnée, en admirant un *Washington*, un *Warren*, un *Green*, un *Montgomery*, cherche quelles
récompenſes peuvent payer leurs ſervices : les
voilà, ces récompenſes dignes d'eux & de vous :
que toutes les grandes villes de l'Amérique m'offrent les ſtatues de Washington, avec cette inſ-
cription : *Pater, Liberator, Defenſor patriæ* ; que
je voie auſſi celles des *Hancock* & des *Adams*,
avec ces deux mots ſeulement, *Primi Proſcripti* ;
celles de *Franklin*, avec le vers latin qu'on a placé
en France au bas de ſon portrait, &c. quel éclat

en rejailliroit fur l'Amérique ! il fe trouveroit qu'elle a plus de héros qu'elle ne pourroit fe procurer de marbre & d'Artiftes.... Et vos maifons publiques, vos *curies*, pourquoi n'offriroient elles pas en relief & en peinture les combats de *Bunker's-hill*, de *Saratoga*, de *Trenton*, de *Princetown*, de *Monmouth*, de *Cowpen*, d'*Eutaw fpring*; ainfi vous perpétueriez la mémoire de ces actions glorieufes ; ainfi vous maintiendriez, même au fein d'une longue paix, cet orgueil national, fi néceffaire à la confervation de la liberté; & vous pourriez, fans alarmer cette même liberté, prodiguer des récompenfes égales aux facrifices qu'elle a reçus.

Ce feroit, Monfieur, faire injure à vous & à votre patrie, que d'infifter davantage fur ces réflexions : Un nouvel objet m'appelle; mais je regarderois comme une autre offenfe la feule idée que l'Amérique auroit befoin qu'on y attachât fes regards. Vous avez voulu que le progrès des fciences entrât auffi dans vos confidérations. Eh ! ne doit-on pas le prévoir ce progrès dans un pays déja célebre par des Académies, par des Univer-

fités égales à celles de l'Ancien Monde; par des
Savans, je dirai plus, par des génies diftingués,
dont le nom feul marquera de fameufes époques
dans l'hiftoire de l'efprit humain. N'en doutez pas,
Monfieur, l'Amérique s'illuftrera par les fciences
comme par les armes & par le gouvernement; &
fi l'attention du Philofophe doit encore veiller fur
ces progrès, c'eft moins pour les hâter que pour
éloigner les obftacles qui pourroient en retarder la
marche. Que les Univerfités, toujours trop dog-
matiques, toujours trop excluſives, ne foient char-
gées que de former de bons Écoliers, & laiffez
à la libre philofophie le foin de former des hommes.
En Angleterre, elles fe font efforcées de détruire
le Sceptifcime, & depuis cette époque la Philofophie a déchu fenfiblement: il femble qu'en tout
genre, les Anglois ne veulent qu'une demi-liberté.
Laiffez les hiboux & les chauve-fouris voltiger dans
la clarté douteufe d'un foible crépufcule; l'aigle
américain doit favoir fixer le foleil. Rien ne me
prouve que la vérité n'eft pas bonne à connoître:
& d'ailleurs, qu'a produit l'erreur jufqu'ici? les
malheurs du monde.

Quant aux Académies , elles feront toujours très utiles, tant qu'elles ne feront pas trop multipliées : un Académicien eft un Sénateur de la république des Lettres : il a fait ferment de ne rien avancer qu'il ne puiffe prouver ; il a confacré fa vie à la vérité , & lui a promis le facrifice de fon amour-propre même. De pareils hommes ne peuvent être nombreux ; de pareils hommes ne doivent pas être décrédités par des compagnons indignes d'eux. Mais fi les principes académiques tendent à rendre la fcience auftere & fcrupuleufe, les encouragemens répandus dans le public doivent exciter tous les efprits, & donner un libre cours à l'opinion. Ces encouragemens font les prix propofés par les Académies : c'eft par eux qu'on dirige l'activité des efprits vers les objets les plus utiles ; c'eft par eux que les premiers efforts obtiennent de la célébrité ; c'eft par eux encore que le jeune homme amoureux de la gloire eft difpenfé de foupirer trop longtems après fes premieres faveurs. Plus les fciences fe perfectionnent , plus les découvertes deviennent rares; mais l'Amérique a le même avantage dans le monde favant que dans celui qui fait notre demeure. L'étendue de son empire soumet à ses observations une grande partie du ciel & de la terre. Que d'observations ne peut-on pas faire depuis Penobscot jusqu'à Savannah? depuis les lacs jusqu'à la mer? L'Histoire naturelle & l'Astronomie lui sont donc particuliérement annexées, & du moins, la premiere de ces sciences est-elle encore susceptible d'une grande amélioration.

La Morale est une branche de la Philosophie très à la mode depuis quelque tems. Pour moi, il me paroît que par-tout où la législation est bonne, la morale est toute faite ; & où la législation manque, je ne sais pas trop à quoi peut servir la morale. Il en est d'elle en général comme de la santé ; on ne s'en occupe beaucoup que lorsqu'on l'a perdue. Il en est aussi des Moralistes comme des Médecins & des Apothicaires, qu'un bon régime rendroit inutiles , & qui ne servent souvent qu'à amuser notre inquiétude & à traiter notre imagination. Conservez un bon gouvernement, rendez le peuple doux & sensible, & il fera bien lui-même sa morale.

Pour la religion, son objet, son but, la dérobent à nos obſervations : comme elle ne conſidere pas les rapports des hommes entr'eux , mais leur rapport avec Dieu ſeul , ſon influence doit être intérieure & individuelle ; & lorſqu'elle s'étend plus loin , c'eſt toujours aux dépens de l'ordre public. Je ne puis donc que féliciter l'Amérique de ce qu'elle ſeule poſſede la véritable tolérance , cette tolérance abſolue , qui n'a pas ſeulement triomphé de la ſuperſtition , mais qui fait encore rougir les ennemis même de la ſuperſtition des traités honteux qu'ils ont faits avec elle. Cependant , Monſieur , afin qu'aucun des objets qui vous intéreſſent ne paſſe ſous nos yeux ſans entraîner avec lui quelques réflexions , je m'en permettrai une ſeule qui , j'eſpere , trouvera grace devant un Philoſophe.

Toutes les religions qui ſont établiés en Amérique s'accordent dans un point très important : elles proſcrivent toute ſuperſtition , toute dépendance d'un pouvoir étranger. Mais elles s'accordent auſſi dans une pratique qui ne me paroît avoir aucune connexion néceſſaire avec les dogmes du Proteſtantiſme. Je veux parler de l'extrême ſévérité

avec laquelle elles obfervent le Dimanche. Ce
jour eft confacré au culte divin ; à la bonne
heure ; mais il eft auffi confacré au repos, &
qu'eft-ce que le repos fans gaieté, fans diffipation ? J'ofe le dire, vous ne connoiffez en Amérique, ni la peine du travail, ni le plaifir du
repos. Quel morne filence regne dans vos villes
un jour de Dimanche ! on croiroit qu'une violente épidémie, une pefte, a obligé chacun à
fe renfermer chez foi... Tranfportez-vous en
Europe, & fur-tout dans un pays catholique ;
voyez dans ce même jour, lorfque le fervice divin eft fini, le peuple inonder les places, les
promenades publiques, fe porter en foule vers
les fauxbourgs, vers les villages des environs, où
mille tavernes font préparées pour le recevoir:
par-tout vous entendez des chanfons, des inftrumens ; par-tout vos regards rencontrent des danfes
gaies & animées. C'eft un fpectacle vraiment tou-
chant de voir un artifan s'acheminer vers les *guin-
guettes :* d'un de fes bras il foutient fa femme, qui
eft revêtue de fa meilleure robe, l'autre lui fert à
porter le plus jeune de fes enfans, tandis que celu

qui eſt déja en état de marcher , s'attache à la main de ſa mere & s'efforce de la ſuivre : toute cette famille va ſe réjouir enſemble. Si le vin excite quelques querelles , les femmes les appaiſent ; elles empêchent même les excès de boiſſon , auxquels les hommes ne ſont que trop ſujets : on boit, on danſe en famille , & cette heureuſe journée ſe prolonge ſouvent dans la nuit, & finit toujours trop tôt. En Amérique , c'eſt tout différent ; comme il n'y a que de l'oiſiveté ſans jeu ni danſe , les ſexes ſe ſéparent ; les femmes ne ſachant plus que faire d'une parure qui n'a brillée qu'au *Meeting* (1) , tombent dans un triſte déſœuvrement , auquel les diſcours frivoles & la médiſance peuvent ſeuls faire quelque diverſion ; tandis que les hommes , ennuyés d'avoir lu la Bible à leurs enfans , ſe raſſemblent autour d'un *bowl* que la joie n'a pu préparer , & au fond duquel ils ne peuvent trouver qu'une ſtupide ivreſſe.

____

(1) Nom qu'on donne en Amérique aux égliſes : il veut dire, *lieu d'aſſemblée.*

Je ne fais, Monfieur, fi le principe fuivant eft
d'un Philofophe ou feulement d'un François; mais je
crois que tout amufement qui fépare les hommes
d'avec les femmes, eft contraire au bien de la fociété, eft propre à rendre les uns groffiers &
les autres mauffades, enfin à détruire la fenfibi-
lité dont la nature a placé la fource dans le commerce des deux fexes.

Pefez, Monfieur, ces réflexions, qui ne font
peut-être pas fi frivoles qu'elles le paroiffent.
Le bonheur n'eft compofé que de jouiffances;
or, les Dimanches font la feptieme partie de
notre vie, & fi vous en défalquez pour le
peuple les jours de travail forcé, vous verrez
qu'ils font plus de la moitié de notre bon tems.
Faites en donc des jours heureux, donnez-les à
l'Amérique, & vous lui aurez fait un préfent inef-
timable.

Ces obfervations fur le Sabbath, fur ce jour
de repos qui fuccede au travail, femblent m'a-
vertir que le mien eft fini. Puiffe-t-il ne vous
avoir pas paru plus long qu'à moi, & puiffiez-
vous, après m'avoir donné quelques momens

d'attention, ne pas fentir trop vivement le befoin de cette diffipation que je viens de préconi-
fer. Reconnoiffez du moins, Monfieur, dans ce
foible effai mon dévouement à vos volontés, &
le fincere attachement avec lequel j'ai l'honneur
d'être, &c.

*A bord de la frégate l'Émeraude dans la baie
de Chefapeak, le 12 Janvier 1783.*

DESCRIPTION

DU PONT-NATUREL,

Appellé en Virginie Rocky Bridge.

A MON retour de mon voyage dans la Haute-Virginie, il me reſtoit le regret de n'avoir pu prendre régulièrement les dimenſions du Pont-Naturel. Je deſirois qu'un homme, qui fût à-la-fois Deſſinateur & Géomètre, entreprît le voyage des Apalaches pour ce ſeul objet, & qu'il partît muni des inſtrumens néceſ-ſaires pour le bien remplir. Perſonne n'en étoit plus capable que M. le Baron de Turpin, Capitaine dans le Corps royal du Génie. Il réunit en effet à toutes les connoiſſances, qui ſont portées à un ſi haut point dans le Corps auquel il appartient, le talent de deſſiner avec autant de facilité que de préciſion; il avoit de plus aſ-ſez d'habitude de la langue angloiſe, pour pouvoir ſe paſſer d'interprète. Je propoſai donc à M. le Comte de Rochambeau de le charger de cette commiſſion, dont j'étois ſûr qu'il s'acquitteroit avec plaiſir. Ce Génral trouva qu'il feroit un nouveau fervice à rendre aux Américains, que de faire connoître une des merveilles qui illuftrent leur patrie, & qu'il feroit même affez piquant de voir que les François auroient été les premiers à en donner une idée précife & un plan exact (1). M. le Baron de Turpin partit donc au commencement de Mai, & au bout de trois femaines, il me rapporta cinq plans, dont trois ont été gravés & font joints à cet ouvrage. Deux de ces plans offrent des perfpectives prifes des deux côtés du Pont-Naturel, & du fond de la vallée fur laquelle il s'élève : la troifieme eft prife à vol d'oifeau, & repréfente une partie du pays dans lequel il fe trouve. Les deux autres n'offrant que des coupes fuppofées de ce pont, aux endroits

---

(1) Un objet auffi intéreffant n'avoit pu échapper à la curiofité & aux obfervations de M. Jefferfon ; il avoit mefuré la hauteur & la largeur du Pont-Naturel, & il en a fait mention dans un excellent Mémoire qu'il a compofé en 1781, & dont il a fait imprimer l'année paffée quelques exemplaires, fous le titre modefte de *Notes fur la Virginie*, ou plutôt fans aucun titre, car cet ouvrage n'a pas été rendu public. Nous efpérons cependant que les documens précieux, tant fur la phyfique, que fur la politique que cet ouvrage renferme, ne feront pas perdus pour le Public. Un homme de lettres très connu en a fait ufage, & nous recommandons la lecture d'un ouvrage, qui va paroître fous le titre d'*Obfervations fur la Virginie*.

où il tient au rivage, & qu'on peut confidérer comme fes culées, je n'ai pas jugé à propos de les faire graver, pour ne pas multiplier les planches qu'on eft forcé de joindre à cet ouvrage. Quant aux dimenfions, voici celles que M. de Turpin m'a données:

„ LE Pont-Naturel forme une voûte de quinze toifes de longueur, de l'efpece de celles que l'on nomme *corne de vache* : la corde de cette voûte eft de dix fept toifes à la tête d'*Amont*, & de neuf à celle d'*Aval*, & l'arc droit eft une demi-ellipfe fi applatie, que le petit axe n'eft pas un douzieme du grand. Le maffif de roc & de pierre qui charge cette voûte eft de 49 pieds fur la clef du grand ceintre, & de 37 fur celle du petit ; & comme on trouve à peu près la même différence dans le nivellement de la colline, on peut croire que la voûte eft de niveau fur toute la longueur de la clef. Il n'eft pas inutile d'obferver que le roc vif fe continue fur toute l'épaiffeur de la voûte, & que du côté oppofé, elle n'a que 25 pieds de large dans fa plus grande largeur, & va toujours en fe retréciffant.

Toute la voute ne femble faire qu'une feule & même pierre ; car les efpeces de joints que l'on remarque à la tête d'Amont font l'effet d'un coup de tonnere, qui

frappa

frappa cette partie en 1779; l'autre tête n'a pas la moindre veine, & l'intrados eſt ſi uni, que les martinets, qui voltigent autour en grand nombre, ne peuvent s'y attacher (1). Les culées, qui ont un petit talus, ſont très entieres, & ſans être planes, ont tout le poli qu'un courant d'eau donneroit à une pierre brute au bout d'un certain tems. Les quatre rochers adjacens aux culées paroiſſent être de la plus parfaite homogénité & avoir un très petit talus. Les deux rochers de la rive droite du ruiſſeau ont 200 pieds d'élévation audeſſus de l'eau, l'intrados de la voûte 150, & les deux rochers de la rive gauche 180 ».

Si l'on conſidere ce Pont comme ſimplement pittoreſque, on eſt frappé de la majeſté avec laquelle il piramide dans le vallon. Les chênes blancs qui croiſſent ſur ſon ſol, ſemblent porter leur cime juſque dans les nues, tandis que les mêmes arbres qui croiſſent le long du ruiſſeau, ne paroiſſent que comme des arbuſtes. Quant au Naturaliſte, il doit ſe contenter des obſervations qui peuvent conduire un Philoſophe plus hardi à former quelque conjecture apparente ſur l'origine de cette maſſe extraordinaire ».

---

(1) *Voyez* à la fin de cet article, la note, qui a été trouvée trop longue pour être imprimée ſous le texte.

Dans toutes les parties de la voûte & de ſes pied-droits, on a pris des morceaux cubiques de 3 ou 4 lignes de dimenſion ; on les a mis ſucceſſivement dans la même eau-forte : les premiers ſe ſont diſſous en moins d'une demi-heure ; les autres en ont employé davantage, mais on doit attribuer cet effet à l'affoibliſſement de l'eau, qui perdoit de ſon activité à meſure qu'elle étoit ſaturée ».

On voit que ces roches étant de nature calcaire, excluent toute idée de volcan, qui d'ailleurs ne pourroit cadrer avec la forme du Pont & de toutes les parties adjacentes. Si l'on veut que la voûte étonnante qu'il forme ſoit l'effet d'un courant d'eau, il faudra alors ſuppoſer que ce courant ait eu la force d'entraîner & de porter très loin un maſſif de 5000 toiſes cubes, car il ne reſte ſur la place aucun veſtige de cette opération. Les blocs que l'on trouve ſous la voûte & un peu au-deſſous, ont leur place antérieure encore marquée ſur les pendans collatéraux du côté d'Aval, & ne proviennent d'aucune autre démolition que du Pont même, qu'on dit avoir été d'un tiers plus large ».

Le recreuſement de 8 à dix pouces, formé dans le pied-droit de la rive gauche du ruiſſeau, ſous la naiſſance de l'arc, le rallonge dans la forme d'un bec de corbin. Cette dégradation, & quelques autres parties soufflées, font préfumer que cet édifice furprenant deviendra un jour la victime du tems, qui en a détruit tant d'autres ».

Telles font les obfervations que M. le Baron de Turpin a rapportées, & qu'il a bien voulu me remettre. Comme on peut compter fur leur exactitude, peut-être fuffiroit-il de les tranfcrire ici, & de laiffer la penfée du Lecteur s'exercer à fon gré fur les caufes qui ont pu produire cette efpece de prodige. C'étoit le parti que j'avois pris, lorfque, livré à mes propres forces, dont j'avois une jufte défiance, j'écrivois à Williamsburg, & j'écrivois pour moi feul, le Journal du voyage que je venois de faire. Cependant un Ouvrage efpagnol qui me tomba entre les mains, commença à me confirmer dans l'opinion que j'avois conçue d'abord, que c'étoit au travaïl feul des eaux qu'on devoit la magnifique conftruction du Pont-Naturel. L'opinion de M. le Comte de Buffon, que j'ai confulté depuis, ne m'a plus laiffé aucun doute. Ses fublimes conceptions fur les époques de la nature auroient dû fuffire pour me mettre fur la voie; mais le difciple qui fait fe rendre juftice, eft timide, même dans l'application qu'il fait des principes de fon maître. Cependant quiconque a voyagé en Amérique, devient un témoin qui a droit de dépofer en faveur du génie, dont les oracles ne trouvent fouvent que trop de contradicteurs. S'il falloit juftifier ce que les Montefquieu, les Hume, les Voltaire ont dit fur les funeftes effets produits autrefois par la fuperftition, l'ignorance & le préjugé, on pourroit encore, en parcourant l'Europe, trouver des peuples qui nous offriroient l'image de ce que nous étions il y a 300 ans, des nations qui font, pour ainfi dire, contemporaines des fiécles paffés, & la vérité des faits hiftoriques nous feroit démontrée par ceux dont nous ferions témoins. Il en eft de même de l'Amérique, pour les époques de la nature & pour tous les documens de l'Hiftoire naturelle. En parcourant cette partie du monde, on fe croit reculé d'une époque entiere : les parties baffes, les plaines font arrofées par de fi grandes rivieres, & tellement entrecoupées de creeks ; les côtes font fi fréquemment découpées par des golfes, par des bras de mer, qui femblent conduire les flots jufqu'au fein des terres & aux pieds des montagnes, qu'on ne peut fe refufer à la perfuafion que toute cette partie du continent eft de nouvelle création, & le fimple produit d'un atterriffement fucceffif. D'un autre côté, fi l'on obferve que toutes les hautes

montagnes forment de longues chaînes paralelles entr'elles, & prefque toujours dans la direction nord &
fud ; que la plus grande partie des rivieres qui fe jettent
dans l'Océan, prennent leur origine dans les vallées
étroites qui féparent ces montagnes, & qu'après en
avoir fuivi la direction dans un affez long efpace, elles
tournent tout-à-coup vers l'eft, percent les montagnes
& gagnent enfuite la mer en acquérant une largeur
confidérable ; on fe croira, fi-non contemporain, du
moins très voifin de cette époque de la nature, où les
eaux raffemblées à une hauteur extraordinaire, dans
des vallées fans iffues, cherchoient à rompre leurs
digues, & étoient encore incertaines des moyens
qu'elles prendroient pour s'échapper ; on fera porté à
croire que le mouvement de la terre fur fon axe, ou
les vents d'oueft qui, dans l'Amérique feptentrionale,
correfpondent aux vents alifés des tropiques & en
font peut-être l'effet, ont enfin déterminé le mouvement des eaux vers les parties de l'eft. Alors il a pu arriver, de deux chofes l'une : ou les eaux ayant excédé
la hauteur des fommets moins élevés qui s'oppofoient
à leur paffage, ont formé des efpeces de goutieres par
lefquelles le trop plein fe fera échappé ; ou, ne pouvant atteindre à la hauteur de ces montagnes, elles au-

ront trouvé dans leur maſſe même quelques parties
plus molles, qu'elles auront d'abord minées, & qu'elles
auront enſuite percées tout-à-fait. Dans le premier cas,
ſi la pente a été très eſcarpée, & ſi la roche qui leur a
ſervi de radier s'eſt trouvée très dure, elles auront
formé une cataracte : mais ſi le talus a été moins rapide, ſi le ſol a été moins compacte, les eaux auront
non ſeulement creuſé la goutiere qui leur ſervoit de
paſſage, mais éboulé & entraîné les terres, dont elles
auront formé de longs glacis, qui ſe feront enſuite
perdus dans les plaines. C'eſt ainſi que la riviere d'Hud-
ſon, la Delaware, le Patowmak, la riviere de James,
& bien d'autres, ſe ſont ouvert un chemin à la mer,
en perçant les montagnes ſous des angles plus ou moins
approchant de l'angle droit, & formant des vallées
plus ou moins ſpacieuſes. Dans le ſecond cas, les eaux
n'ayant pu percer les montagnes qu'au-deſſous de leur
ſommet, elles ont dû laiſſer au-deſſus d'elles une eſpece
de calotte, une arche ſemblable à celle du Pont-Naturel. Mais combien de chances pour qu'au bout d'un
certain tems ces arches finiſſent par s'ébranler, ſur-
tout lorſque le lit des rivieres s'étant de plus en plus
approfondi, elles ont acquis une trop grande portée,
& ont ainſi perdu leur appui!

Doutons-nous encore de la vraisemblance de cette hypothese; voulons-nous des indices plus apparens, des traces plus évidentes du travail des eaux, continuons de voyager en Amérique; allons dans le voisinage de l'Ohio, sur les bords de la riviere de Kentuke: voici ce que nous pourrons y observer, ou plutôt ce qu'a écrit le récent Historien de ce pays : « Parmi » les curiosités naturelles de ce territoire, les bords » tortueux, ou plutôt les précipices de Kentuke & de » la riviere Diek, méritent le premier rang. Les » yeux étonnés y voient presque par-tout 3 ou 400 » pieds d'une roche calcaire, coupée à pic ; dans » quelques endroits un beau marbre blanc, curieu- » sement façonné en arches, ou en colonnes, ou en- » taillé sur une belle pierre à bâtir. Ces précipices, » comme je l'ai déja observé, ressemblent aux côtés » d'une tranchée profonde ou d'un canal, la terre au- » dessus étant unie, excepté aux endroits où les ruis- » seaux se jettent, & couronnée de bosquets de cèdres » rouges. On ne peut traverser cette riviere que dans » certains lieux, l'un desquels est digne d'admiration: » c'est un grand chemin pratiqué par les Bisons, & » assez large pour des chariots, d'une pente douce, » depuis le sommet jusqu'au bas d'une éminence très

V 6

» grande & efcarpée, fort près de la riviere, au-deſſus
» de Lees-Town ».

Mais conſultons Don Joſeph d'Ulloa, déja ſi célebre par ſes voyages ; c'eſt l'Auteur du Livre efpagnol
dont j'ai parlé plus haut : ce Livre a pour titre, *Noti-
cias americanas*. L'Auteur y donne des defcriptions
très curieuſes & très détaillées de toute l'Amérique
efpagnole. Dans l'article que nous allons traduire, il
commence par faire remarquer une différence très
fenſible entre les montagnes qui ſont ſituées dans l'A-
mérique, ſous la zone torride, & celles qu'on voit dans
les autres parties du monde : en effet, quoique la hauteur de ces dernieres ſoit ſouvent très conſidérable,
comme le terrein s'éleve graduellement, & que leurs
ſommets réunis forment de vaſtes contrées, ceux qui
les habitent peuvent ignorer à quelle élévation ils ſe
trouvent relativement au niveau de la mer ; au lieu
que celles de l'Amérique étant partagées, & pour
ainſi dire, fendues dans toute leur hauteur, donnent
ſans ceſſe l'idée, & même la meſure de leur prodi-
gieuſe élévation. « Dans cette partie du monde, ajoute-
t-il, la terre eſt entrecoupée de profondes tranchées
(*quebradas*) d'une largeur très conſidérable, puiſque ce ſont elles qui ſéparent les montagnes les unes

des autres, & que dans leur partie fupérieure, elles ont fouvent plus de deux lieues d'ouverture. Cet efpace fe refferre fuivant qu'elles font plus ou moins profondes ; & c'eft dans le fond de ces efpeces de vallées que coulent les rivieres, lefquelles en occupent prefque réguliérement le milieu, laiffant de chaque côté des terreins unis de la même étendue. Ce qu'il y a de plus remarquable, c'eft que les angles, ou finuofités que forment ces rivieres, correfpondent parfaitement à celles qu'on obferve à droite & à gauche dans les parois des montagnes ; de forte que fi l'on pouvoit rapprocher tout-à-coup les deux côtés de ces vallées, on auroit une maffe folide, fans aucune interruption. Les rivieres pourfuivent leur chemin dans ces encaiffemens, jufqu'à ce qu'elles parviennent à la plaine, & de là à l'Océan. Dans cette derniere partie de leur carriere, leur lit eft peu profond, & leur fond ne s'éloigne pas du niveau de la mer. Ainfi l'on peut dire qu'en général, plus les montagnes des Cordillieres font élevées, plus le lit des rivieres qui coulent dans leurs vallées eft profond ».

Dans la province d'*Angaraes*, parmi les jeux de la nature dont ces contrées abondent, on peut en obferver un qui mérite une attention particuliere. Cette

province qui dépend du gouvernement de *Guanca-*
velica, eſt diviſée en pluſieurs départemens : dans un
de ces départemens appellé *Conaica*, ſe trouve le
petit village de *Vinas*, lequel eſt ſitué à neuf lieues
de *Conaica*. Vers le milieu de cette diſtance, s'éleve
une montagne connue ſous le nom de *Coroſunta* : lorſqu'on eſt parvenu au pied de cette montagne, on
entre dans une fente, ou ſi l'on veut, une ouverture,
à travers laquelle coule le ruiſſeau de *Chapllancas* ; ce
ruiſſeau s'engage dans un encaiſſement dont la largeur
eſt de vingt à vingt-cinq pieds, & la hauteur de plus
de quarante ; ſans que la partie ſupérieure ſoit ſenſi-
blement plus évaſée que la partie inférieure. C'eſt
cette ouverture, dont le ruiſſeau occupe ſouvent
toute la largeur, qui fait la ſeule communication qui
exiſte entre *Vinas* & *Conaica*. On ne peut traverſer
la riviere que dans les endroits ou, comme nous l'a-
vons dit, l'ouverture a vingt pieds de large, & on
eſt obligé de la traverſer neuf fois, en profitant des
endroits où elle s'éloigne un peu du rocher, ce qui
ne ſe rencontre que dans ceux où elle forme quelques
ſinuoſités ; car lorſque ſon cours eſt direct, elle rem-
plit exactement l'ouverture à travers laquelle elle paſſe.
Cette tranchée eſt taillée dans la roche vive, & avec

tant de régularité, que dans toute sa hauteur, les parties saillantes d'un côté, correspondent parfaitement aux parties rentrantes de l'autre ; de sorte qu'on la pourroit prendre pour un canal qu'on auroit fait pour l'écoulement des eaux, & qu'on auroit creusé avec une symétrie si parfaite que les deux côtés pourroient s'appliquer exactement l'un sur l'autre, sans laisser le moindre vuide entr'eux. Il n'y a aucun danger à pratiquer ce chemin ; en effet, la roche est trop solide pour qu'aucun éboulement soit à craindre, & la petite riviere n'est pas assez rapide pour compromettre les bâteaux : cependant il est difficile de se défendre d'un sentiment de terreur, lorsqu'on se voit engagé dans cette étroite ouverture, dont les deux côtés, par leur parfaite correspondance, présentent l'idée d'une boîte entr'ouverte pour un moment, & toujours prête à se refermer ».

La cavité que nous venons de décrire mérite d'autant plus notre observation, qu'on peut la regarder comme un modele, ou un exemplaire de ce qu'ont été les vallées des Cordillieres, lorsque dans le principe, elles n'excédoient pas la profondeur de celles-ci ; car alors leurs parois, qui offrent maintenant une légere pente, étoient sans doute taillés à pic, & ce n'est qu'après que les eaux les ont eu creufés à une grande profondeur, que les parties fupérieures fe trouvant avoir une trop grande portée, fe font fucceffivement éboulées. Cette analogie eft même confirmée par la dégradation qu'on peut obferver dans l'encaiffement formé par le *Chapllancas* ; dégradation occafionnée par l'effet lent & fucceffif des pluies, de la gelée, & des gerfures caufées par le foleil, mais qui font moins fenfibles là qu'àilleurs, parce que la roche y eft plus dure, plus folide & plus continue, n'étant interrompue par aucune couche de terre, ni d'autres matieres faciles à fe diffoudre ou à s'ébouler. Tout doit donc porter à conclure que les eaux feules ont creufé ce canal dans la forme qu'il conferve aujourd'hui ; & auffi, qu'elles en augmenteront encore la profondeur, puifqu'on fait que le tems feul fuffit pour réduire les pierres les plus dures à un fable fin & prefqu'imperceptible, & qu'on reconnoît déja ce progrès, foit dans les petits fragmens de pierres qu'on voit au fond de la riviere, foit dans ceux qu'elle porte dans la plaine, lorfque trouvant un terrein plus étendu, elle commence à s'élargir ».

Que l'on attribue l'origine de ce canal au frottement des eaux qui l'ont approfondi fucceffivement, ou que l'on fuppofe qu'un tremblement de terre ait ouvert la montagne, de maniere à offrir un nouveau chemin à cette riviere qui avoit précédemment une autre direction; il refte toujours certain, qu'une pareille ouverture ne peut avoir exifté dans l'époque qui a fuccédé immédiatement au déluge. Il en eft de même des plus grands encaiffemens de ce genre, qui font connus fous le nom de *Quebradas*, & qu'on rencontre fréquemment dans toute la haute partie de l'Amérique méridionale. Il eft évident qu'ils ont été formés pareillement par le travail des eaux; car d'un côté, on fait que la rapidité de leur courant eft capable d'arracher des pierres d'une grandeur extraordinaire; & de l'autre, on a des preuves manifeftes de l'effort continuel que ces eaux font pour approfondir leur lit; effort dont on reconnoît la trace dans les immenfes blocs qu'elles ont taillés en forme de dez ou de cubes, toutes les fois que les roches leur ont oppofé trop de réfiftance pour qu'elles puffent divifer & déblayer toute l'étendue du fond fur lequel elles exerçoient leur activité. Dans la riviere d'*Ifcuchaca*, près du village qui porte le même nom, on voit une grande maffe de pierre, dont la figure eft régulierement quarrée, & dont chaque côté peut avoir trente-

cinq ou quarante pieds. Lorfque les eaux font baffes
elle s'éleve de vingt-cinq pieds au-deffus de leur
niveau. Mais pour que ces grandes maffes cubiques,
ainfi que d'autres plus petites, qu'on trouve fréquemment dans le lit des rivieres & qui font toutes taillées
régulierement, quoique dans des formes différentes,
aient pu fe trouver ainfi façonnées, il faut fuppofer
que les eaux ont fucceffivement déchiré & arraché les autres roches qui les entouroient, les laiffant ainfi feules & ifolées, & fous la forme
qu'elles ont maintenant; mais feulement jufqu'à ce
que le lit des rivieres s'approfondiffant de plus en
plus, les eaux rencontrent dans leurs bafes quelques veines de terre ou de toute autre matiere ai-
fée à diffoudre; car alors elles les mineront, & les
défenchafferont, pour ainfi dire, de maniere qu'elles
pourront un jour les déplacer & les entraîner avec
elles. Une fois mifes en mouvement, ces maffes iront
choquer, ou les roches du rivage, ou celles qu'elles
rencontreront dans le lit même de la riviere; & alors,
fe brifant & fe réduifant en différentes maffes de
moindre groffeur, elles feront charriées avec plus
de facilité. Telle eft fans doute l'origine de toutes ces
pierres qu'on voit fous les eaux ou fur le rivage, dont

les unes font très petites, & les autres si énormes, que nul effort humain ne pourroit les ébranler. Quant à la profondeur extraordinaire de ces *Quebradas* ou vallées, un exemple suffira pour en donner une idée. La ville de *Guancavelica* a été bâtie dans une vallée formée par différentes chaînes de montagnes ; le baromètre s'y maintient à 18 pouces une ligne & demie ; (ce terme moyen a été pris entre 18 pouces un quart & 18 pouces un tiers, qui forment les plus grandes différences que le baromètre y éprouve) ; suivant cette hauteur du mercure, l'élévation au-dessus du niveau de la mer doit être de 1949 toises. Au sommet de la montagne, où se trouve la mine d'*Asogués*, lieu qui est encore habitable, & qui est lui-même aussi soumis à d'autres sommets voisins, que la ville de *Guancavelica* lui est inférieure, le mercure ne monte qu'à 16 pouces juste, ce qui donne 2337 toises au-dessus du niveau de la mer, & à peu près 500 toises pour la profondeur de la *Quebrada*, ou vallée de *Guancavelica*, laquelle ne paroît être autre chose que le lit approfondi de la rivière qu'on voit actuellement couler dans son sein ».

Après tant d'observations sur le travail extraordinaire des eaux & sur les effets étonnans qui en résultent, ne sommes-nous pas fondés à supposer que le Pont-Naturel eſt encore leur ouvrage, & ne devons-nous pas le regarder comme une eſpece de *Quebrada* Lorſque les vallées des Apalaches n'étoient que de grands lacs, où les eaux étoient retenues priſonnieres, la petite vallée dont il traverſe la profondeur a pu former un réſervoir particulier, où les eaux ſe ſeront conſervées, même après que celles des plus grandes vallées ſe feront échappées. La maſſe du rocher dans laquelle a été creuſé le Pont-Naturel, leur aura ſervi de barriere; mais, ſoit que leur hauteur n'ait pas atteint le ſommet du rocher, ſoit qu'elles aient trouvé plus de facilité à miner ſa partie inférieure, elles auront laiſſé ſubſiſter l'immenſe calotte qui en forme la voûte, telle que nous la voyons à préſent. Il ſeroit inutile & peut-être téméraire, de vouloir expliquer en détail comment la courbure de cette voûte a été ſi réguliérement deſſinée; mais la cauſe une fois connue, tous les effets, quelque variés & quelqu'étonnans qu'ils ſoient, doivent également lui être attribués. D'ailleurs, on peut obſerver que le plus grand arc de cette voûte ſe trouve correſpondre à l'angle que forme le vallon dans cet endroit : de ſorte que le rocher paroît avoir été d'autant plus creuſé, que l'effort des eaux a été plus conſidérable. Quoi qu'il

en

en foit, nous laiffons chacun libre de former telle conjecture qu'il lui plaira ; & comme il a été dit plus haut, notre deffein a été bien moins d'expliquer ce prodige de la nature, que de le décrire avec affez d'exactitude pour mettre les Savans à portée d'en juger (1).

---

(1) Ceux qui voudront fe former une idée exacte du Pont-Naturel, ne doivent pas juger du terre - plein de ce Pont , par l'afpect que préfentent fes parois dans les deux perfpectives qu'on a gravées. Le terrein fur lequel paffent les voyageurs eft prefque uni ; mais les efpeces de parapet que forment les roches ne le font pas : d'ailleurs leur pente fe trouve encore exagérée par un effet d'optique, les perfpectives ayant été prifes des rives du ruiffeau, & fort près du Pont.

NOTE.

Quoique le printems fût déja avancé lorſque j'arrivai au Pont-Naturel, puiſque nous étions alors au 20 Avril, je ne me rappelle pas d'y avoir vu d'hirondelles d'aucune eſpèce. M. le Baron de Turpin ne le viſita que vers le 15 de Mai : alors les martinets, qui paroiſſent plus tard que les hirondelles, avoient eu le tems d'arriver ; mais j'ai lieu de croire que l'oiſeau qu'il déſigne ici, n'eſt autre que celui qu'on appelle *hirondelle à croupion blanc*, & auquel on donne improprement le nom de *martinet* dans quelques provinces du royaume.

Je ſaiſirai cette occaſion d'obſerver que l'oiſeau, appellé en Amérique *martin* (martinet) eſt une eſpèce particuliere, qui n'eſt pas connue en Europe, & qui n'a été bien décrite nulle part, pas même dans Cateſby, du moins, ſi c'eſt celui qu'il a en vue, lorſqu'il fait mention d'un martinet de la Caroline, qu'il nomme *purple martin* (martinet couleur de Pourpre) (1). Malheureuſement je

---

(1) *Peter Kalms*, voyageur ſuédois, qui n'a certainement pas épargné les détails, ne parle que très ſuccintement de cet oiſeau : il n'obſerve pas même que la femelle n'eſt pas de la même couleur que le mâle, & il paroit le confondre avec le martinet européen, qu'il appelle *Martinet anglois*. Voyez tome 3, page 115, édition allemande.

ne me trouve gueres en état d'y suppléer. Plusieurs raisons m'ont empéché de profiter de mon séjour en Amérique pour me livrer aux observations que le très petit nombre de connoissances que j'ai acquises sur l'histoire naturelle m'auroit permis de faire. En effet, le peu de place qu'il restoit aux Officiers , & même aux Officiers-Généraux, pour transporter leurs effets, lors de notre départ d'Europe, ne m'avoit pas permis d'emporter d'autres livres que ceux qui m'étoient nécessaires pour la connoissance politique & militaire du continent où j'allois faire la guerre, & je ne me sentois pas assez fort pour travailler de mémoire & d'après mes propres idées, d'ailleurs, je m'étois persuadé mal-à-propos que tout avoit été su & écrit sur un pays aussi connu & aussi frequenté que l'étoit dès lors l'Amérique septentrionale. Je m'apperçus trop tard que je m'étois trompé, & le peu de succés des efforts que j'ai faits depuis pour tirer quelque parti, soit de ma propre curiosité, soit des connoissances de quelques personnes que j'ai employées, m'a convaincu que ce feroit encore au moment présent une chose très utile, que d'envoyer en Amérique une petite caravanne composée de Naturalistes, de Géographes & de Dessinateurs. En attendant que ce projet, qui a déjà été proposé, puisse s'exécuter, je vais rendre compte ici de quelques observations , que j'ai faites sur le *martin*, ou martinet d'Amérique.

Cet oiseau diffère de notre martinet européen par la

forme, par sa couleur, & par ses mœurs : par sa forme, en ce qu'il a le corps assez gros & semblable à celui de plusieurs autres oiseaux d'espèces différentes, tels, par exemple, que le merle & le sansonnet : par sa couleur, parce que si le mâle est tout noir comme les autres martinets, la femelle est d'un gris cendré, un peu plus clair que celui de notre merle femelle, tandis que sa gorge & son ventre sont d'un blanc sale & mêlé ; par ses mœurs, en ce qu'au lieu d'être farouche comme notre martinet, il est encore plus familier & plus domestique, s'il est possible, que notre hirondelle de cheminée. Les Américains ont pour ces oiseaux un respect presque superstitieux ; non seulement ils leur préparent au commencement du printems des pots de terre semblables à ceux que nous fixons dans nos murs pour attirer les moineaux, mais ils suspendent dessous la saillie du toit, de petites cages pour les faire nicher. Les plus crédules des Américains disent que ces oiseaux portent bonheur aux maisons qu'ils visitent ; les plus raisonnables pensent qu'ils sont utiles, non seulement parce qu'ils détruisent les mouches dont on est fort incommodé dans l'été, mais parce qu'ils réussissent par leur hardiesse & par leurs cris, à éloigner les oiseaux de proie, lorsqu'ils viennent attaquer la volaille dans les basses-cours. Ces animaux sont si familiers, que pour peu qu'on fût adroit, on pourroit les prendre avec la main : leur chant est très éloigné du cri désagréable de notre martinet ;

il reſſemble plutôt à celui des hirondelles de cheminée, mais il eſt beaucoup plus mélodieux. Je ne les ai vus qu'en liberté ; car j'avoue qu'ayant réſolu cent fois d'en tuer au moins un ou deux, afin de les examiner de plus près, je nen ai jamais eu le courage, tant j'ai reſpecté la douce hoſpitalité , qu'on leur offre & qu'ils reçoivent avec la même confiance.

Je ne ſais pourquoi Catesby donne à cet oiſeau le nom de *martinet couleur de pourpre* ; car je n'ai jamais obſervé que ſes plumes offriſſent la moindre nuance de cette couleur ; celles du mâle ſont du plus beau noir , & comme nous l'avons dit, celles de la femelle ſont d'un gris cendré ſur le dos, & ſur le ventre d'un blanc mêlé de gris. Si ce martinet n'étoit pas un oiſeau de paſſage , & un oiſeau qui, comme tous ceux de ſon eſpece, doit voyager très rapidement , il ſeroit aſſez vraiſemblable qu'en s'approchant des tropiques , il prît une couleur pur- purine. On remarque en effet des différences ſenſibles dans la manière dont les oiſeaux apparrenants à la même eſpèce, ſont colorés ſuivant qu'ils approchent plus ou moins des tropiques ou de la ligne équinoxiale. Les oiſeaux-mou- ches, qu'on voit en Virginie, & qui vont même juſqu'en Penſilvanie & dans les Jerſeys , ſont d'une couleur griſe & leur gorge ſeule brille des couleurs du rubis , tandis que ceux de la Guyanne & du Breſil offrent dans toutes leurs plumes , l'éclat dont la nature n'a décoré les autres

que dans une petite partie de leurs vêtemens. Nulle espèce n'offriroit plus d'exemples de cette progreſſion dans
l'éclat & l'intenſité des couleurs que celle des étourneaux,
ſi ces oiſeaux n'étoient pas voyageurs, & ſi on pouvoit ſavoir au juſte de quel pays viennent les différens
eſſaims qu'on voit arriver au printems. La plus belle
variété de cette eſpece eſt l'étourneau noir, appellé *black
bird* en Amérique : lorſqu'il eſt poſé, il paroit être tout
noir ; mais il porte au pli de l'aile pluſieurs plumes d'un
rouge très vif & cependant nuancé, qui ne peut être
comparé qu'à l'eſcarboucle ; de ſorte que lorſqu'il prend
ſon vol, ſes couleurs brillantes produiſent un effet d'autant plus agréable, qu'il eſt plus inattendu. Une autre
variété ſuit immédiatement, c'eſt celle des étourneaux de
couleur griſâtre ; ceux-ci portent auſſi pluſieurs plumes
rouges, mais en moins grand nombre, & d'un rouge moins
vif : une troiſieme eſt d'une couleur brune tirant ſur le
rouge, à-peu-près comme la poule faiſanne ; elle a encore
au pli de l'aile trois plumes abſolument rouges, mais
d'un rouge triſte & ſans éclat ; enfin une quatrieme variété ſeroit abſolument ſemblable à notre étourneau européen, ſi elle n'avoit pas encore au pli de l'aile deux
ou trois plumes rougeâtres, qui ſemblent atteſter ſon origine américaine, & qu'on pourroit regarder comme les
parements d'un uniforme qui n'eſt pas complet, mais qui
ſuffit pour montrer à quelle armée cette légion appartient.

Il y a tout lieu de croire que si on pouvoit savoir d'où viennent ces oiseaux, qui ne paroissent qu'au commencement du printems, dans toute l'Amérique septentrionale, & même en Virginie & en Caroline, on s'assureroit que le plus ou moins d'éclat de leurs plumes est dû à la plus ou moins grande latitude du pays qu'ils habitent pendant l'hiver. On lit dans l'Histoire naturelle que l'étourneau n'est pas un oiseau de passage : cela peut être vrai des étourneaux européens, mais je puis assurer que depuis Boston jusqu'à la baye de Chesapeak, je ne les ai vus arriver qu'à la fin de l'hiver.

Je n'ai pas fait mention d'une espece d'étourneau dont il n'est pas parlé dans l'Histoire naturelle, mais qu'on voit au Cabinet du Roi, & qui est décrit par Catesby ; c'est pourtant par là que j'aurois dû commencer, puisque c'est elle qui m'a conduit à cette longue digression. On l'appelle en Amérique *étourneau corneille*, *starling crow*. Cet oiseau est beaucoup plus grand que les autres étourneaux ; & quand on considere son bec, on est tenté de le confondre avec le choucas ; mais il est bien sûr que c'est un véritable étourneau : il en a le cri & les mœurs ; il vit dans les marais, & se mêle avec toutes les variétés d'étourneaux dont j'ai parlé. Sa couleur est d'un noir mélé & changeant, qui offre, suivant qu'il est éclairé, des nuances bleuâtres & purpurines : or il seroit assez vraisemblable que les oiseaux dont la couleur est originairement noire, dussent acquérir par le voisinage du soleil, ces nuances, ou bleues, ou purpurines, que l'on remarque dans *l'étourneau corneille*; & dans ce cas, il seroit possible que le martinet couleur de pourpre, dont parle Catesby, existât dans la Caroline du sud, quoique je ne l'aie jamais vu en Virginie : mais il resteroit toujours à expliquer pourquoi ce martinet, dont l'origine seroit plus méridionale, n'étendroit pas ses voyages jusqu'en Virginie & en Pensilvanie ; car quoique nous ayons dit qu'en Amérique les étourneaux sont des oiseaux de passage, il faut bien distinguer leurs voyages de ceux des hirondelles & des martinets. Il y a grande apparence que les étourneaux se contentent de se retirer pendant l'hiver près des lacs & des rivieres, qui se trouvent en abondance entre l'Océan & la mer Pacifique, depuis les 35 jusqu'au 33e dégrés de latitude. Il leur suffit, en effet, d'éviter la gelée, qui les empêcheroit de trouver leur subsistance dans les marais ; au lieu que les hirondelles doivent s'avancer jusqu'aux endroits où les insectes ailés ne cessent pas de peupler les airs pendant l'hiver. Voici cependant une observation qui mérite toute la confiance possible : M. Flemming, Grand-Juge en Virginie, homme digne de foi, & respectable à tous égards, a assuré à M. Jefferson, qu'un jour d'hiver, tandis qu'il étoit occupé à faire abattre des arbres dans un terrein qu'il vouloit enſemencer, il fut fort ſurpris de voir tomber avec un vieux chêne fendu une grande quantité de martinets, qui s'étoient refugiés & engourdis dans les crevaſſes de cet arbre, comme font les chauves-ſouris dans les antres & dans les ſouterrains. Ce fait, qu'il eſt difficile de con-teſter, prouve-t-il que les martinets ne voyagent pas comme les cailles & les cigognes ; ou ſeulement, qu'une troupe pareſſeuſe de ces oiſeaux, ayant trop différé ſon départ, s'eſt trouvée ſurpriſe par le froid, & forcée de chercher un aſyle pour y paſſer l'hiver ?

Puiſque je me ſuis laiſſé entraîner ainſi à parler de quelques objets relatifs à l'Hiſtoire naturelle, je ne ter-minerai pas cette longue note, ſans y ajouter encore un article, ſur lequel je ne donnerai aucune lumiere nou-velle, puiſqu'il a été traité par M. le Comte de Buffon ; mais où j'aurai du moins la ſatisfaction de confirmer, par des preuves ſans réplique, ce que ſon génie lui avoit déjà révélé ; heureux de trouver à-la-fois l'occaſion de rendre un hommage particulier à l'homme le plus illuſtre de notre ſiécle, & celle de me glorifier de l'amitié qui nous lie, amitié déja bien ancienne, puiſqu'elle date d'auſſi loin que mon admiration pour ſes immortels ouvrages. On ſait qu'un des articles les plus intéreſſans de l'Hiſtoire des qua-drupedes, eſt celui du ſarigue, ou de l'opoſſum. L'obſer-vation avoit appris que la femelle de cet animal avoit ſous le ventre une eſpece de poche où elle portoit ſes petits ;

qu'on ne les voyoit jamais hors de cette poche, que lorfqu'ils étoient en état de courir & de chercher leur nourriture ; & que jufqu'à cette époque, ils reftoient toujours attachés à la mamelle de leur mere : mais l'ignorance & la crédulité avoient adopté toutes fortes de contes ridicules fur la maniere dont la génération s'opere dans cette efpece. J'ai trouvé l'opinion établie en Virginie, même parmi des Médecins, que les petits de l'opoffum fortoient du ventre de leur mere par les mamelles. L'extrême petiteffe dont ils font au moment de leur naiffance, pouvoit feule accréditer cette opinion, que l'anatomie auroit fi aifément démentie, pour peu qu'on eût voulu la confulter. La premiere chofe dont je m'occupai pendant l'hiver de 1781 à 1782, fut de me procurer quelques-uns de ces animaux, & de les faire difféquer. M. Robillard, premier Chirurgien de notre armée, & l'un des plus habiles Chirurgiens qu'il y ait en France, voulut bien fe charger de ce foin. Ayant difféqué un individu mâle & un individu femelle, il trouva les organes de la génération femblables à ceux des autres quadrupedes, à cette feule différence qu'il obferva une bifurcation dans le gland du mâle & dans le clitoris de la femelle, & qu'il trouva dans la matrice de celle-ci une efpece de cloifon ou de mediaftin, qui la partageoit en deux départemens, mais fans être affez continue pour que les deux cavités fuffent entiérement féparées l'une de l'autre. C'en étoit déja affez pour confirmer & pour éclaircir les articles les plus effentiels d'une defcription, que M. d'Aubenton n'avoit pu faire que fur un individu confervé dans l'efprit de vin. Mais M. le Comte de Buffon, qui avoit jugé avec une fagacité vraiment admirable, que la nature, en formant cet animal, avoit procédé d'une maniere particuliere, & lui avoit donné une faculté de fe reproduire, moyenne pour ainfi dire, entre celle des quadrupedes & celle des oifeaux, afin que la briéveté de la geftation, pût correfpondre à la longue incubation qu'ils reçoivent dans la poche où ils font confervés; M. le Comte de Buffon avoit ajouté : « Perfonne n'a obfervé la durée de » la geftation de ces animaux, que nous préfumons être » beaucoup plus courte que dans les autres ; & comme » c'eft un exemple fingulier dans la nature que cette ex- » clufion précoce, nous exhortons ceux qui font à portée » de voir des fariïgues vivans dans leur pays natal, de » tâcher de favoir combien les femelles portent de tems, » & combien de tems encore, après la naiffance, les pe- » tits reftent attachés à la mamelle avant que de s'en fé- » parer. Cette obfervation, curieufe par elle-même, » pourroit devenir utile, en nous indiquant peut-être » quelque moyen de conferver la vie aux enfans venus » avant le terme ». Ici, l'interprête de la nature, comme il arrive fouvent aux drogmans de l'Afie, avoit été obligé de deviner la penfée de fon maître, avant d'effayer de nous l'exprimer dans un langage intelligible : mais lorsque l'interprète est ministre & confident, il importe peu qu'il traduise ou qu'il parle de lui-même; ainsi, la seule crainte que j'avois, étoit de ne pouvoir me procurer les moyens qui m'étoient nécessaires pour démontrer aux Américains une vérité dont j'étois déja persuadé. Il falloit en effet pour y parvenir, que des opossums privés consentissent à s'unir dans cet état de domesticité, ou plutôt d'esclavage; il falloit que cette union devînt féconde, & que nous puissions en observer les suites. Or personne dans le pays ne s'étoit avisé d'en élever, & nous ne pouvions avoir que ceux que les soldats nous apportoient après les avoir attrapés dans les bois. J'en avois eu un chez moi qui étoit déja devenu très familier; mais je l'avois envoyé à M. le Comte de Buffon, & j'avois profité du départ de l'*Hermione;* M. le Comte de la Touche, qui la commandoit, ayant bien voulu se charger de quelques animaux & de quelques autres objets d'Histoire naturelle que je voulois faire passer en Europe. Heureusement que le hasard me servit mieux que n'auroient pu le faire les tentatives les plus multipliées: M. le Chevalier d'Aboville, Brigadier des Armées du Roi, & Commandant de notre Artillerie, mettant à profit le repos dont nous jouissions, employoit à augmenter ses connoissances en physique & en histoire naturelle, les mêmes talens & la même activité qui nous avoient été si utiles pendant la campagne. Il élevoit chez lui plufieurs animaux, & entr'autres un opoffum femelle, qu'il eut le bonheur de voir concevoir, devenir mere, & élever fes petits dans fa propre maifon, & même dans fa propre chambre. Je ne puis mieux faire que de tranfcrire ici les obfervations qu'il a écrites, & qu'il a bien voulu me confier.

« L'opoffum, dit-il, eft plus timide que farouche, & s'apprivoife très promptement. J'en avois depuis quelque tems un femelle, lorfqu'on m'apporta un mâle. Elle parut, dans les premiers momens, le redouter, & pour éviter toute querelle, j'attachai le nouveau venu dans une boîte auprès de ma cheminée. La femelle jouiffoit de fa liberté dans ma chambre; elle y avoit une boîte d'où elle ne fortoit que la nuit pour boire, manger & fe vider. Le foir du fecond jour après l'arrivée du mâle, pendant que j'écrivois devant mon feu, je vis la femelle s'avancer doucement vers la boîte où étoit le mâle, rentrer fous mon lit, revenir, retourner, avançant chaque fois un peu plus, s'enhardir enfin jufqu'à entrer dans la boîte du mâle, qui, fur le champ, fe jetta fur elle avec tant de précipitation, que l'ayant vu jufques-là très indifférent, je ne le jugeai animé que d'un fentiment de colere. Je la retirai, & le battit. Quelques momens après elle revint à la charge : le mâle l'entendant venir, fortit de fa boîte, & la longueur de fa corde lui permit de la joindre devant le milieu de ma cheminée; il fe jetta fur elle avec la même impétuosité, & je vis bien que puisque la femelle ne s'en effrayoit pas, je ne devois pas me mêler de leurs affaires. Elle étoit accroupie ; le mâle étoit dessus, les quatre pattes posant à terre, & tous deux dans une parfaite immobilité. Je les considérai ainsi près d'une demi-heure ; je passai le doigt entre deux, & m'apperçut qu'il n'y avoit aucune intromission. Ma présence ne paroissoit point du tout les gêner ; cependant, pour qu'aucun mouvement ne pût les distraire, je me couchai. Le feu devant lequel je les laissai, les éclairoit : je continuai de les observer de mon lit pendant plus d'une demi-heure, & les vis toujours dans la même immobilité. La mienne m'avoit fait fermer les yeux depuis quelques momens, lorsque la femelle monta sur mon lit ; je la caressai, & , passant la main vers la partie postérieure, je la trouvai mouillée, ce qui me fit croire que, malgré les apparences, l'acte de la copulation avoit eu son accomplissement. Je trouvai le lendemain matin des taches sur le plancher, qui en furent une seconde preuve. Mais celle qui acheva de me le confirmer, fut le changement que je ne tardai pas d'appercevoir à la poche de cette femelle. C'étoit le 7 Février que l'accouplement s'étoit fait ; dix jours après, je remarquai que le bord de l'orifice de la poche étoit un peu épaissi : cela parut encore plus sensible les jours suivans, & je m'apperçus aussi que la poche s'agrandissoit & que son ouverture étoit plus évasée qu'auparavant. La nuit du 20 au 21, c'est-à-dire, treize jours après l'accouplement, elle ne sortit de sa boîte qu'assez avant dans la nuit, & seulement pour boire, manger & se vider : elle rentra dans sa boîte aussi-tôt ; ce qui fit que je manquai ce jour-là à continuer d'observer le progrès des changemens qui se faisoient à sa poche. Le quatorzieme jour vers le soir, voyant qu'elle ne sortoit pas de sa boîte, j'y passai la main, qu'elle caressa beaucoup, en la léchant & me mordillant très doucement ; elle empoignoit mes doigts avec ses petites mains, cherchant à retenir la mienne lorsque je voulois la retirer. Je lui donnai quelques morceaux de viande ; elle les mangea en continuant de caresser ma main ; & voyant qu'elle ne pouvoit la retenir, elle se détermina à la suivre, & sortit de sa boîte me tenant toujours un doigt. Je n'eus rien de plus pressé que de visiter la poche : le changement que j'y trouvai me fit juger que j'avois beaucoup perdu d'avoir manqué un jour de l'observer, & que j'avois laissé échapper le moment le plus intéressant. Cette poche dont l'ouverture s'évasoit les jours précédens, se trouvoit alors presque fermée, ne présentant plus qu'une petite ouverture ronde au milieu d'un enfoncement semblable à un umbilic. L'orifice en étoit un peu humide ; une humeur glaireuse humectoit aussi les poils qui avoisinent l'orifice, commun à l'anus & au vagin. Il me parut que j'aurois encore pu introduire un de mes doigts dans la poche ; mais je jugeai ne pouvoir le faire qu'en forçant le paſſage, & riſquant d'offenſer, peut-être de détruire les embrions délicats qui s'y trouvoient; car je ne doutois plus alors qu'ils n'y fuſſent. Le quinzieme jour, ſoit que mon impatience eût ſurmonté la crainte que j'avois de bleſſer les embrions, ſoit que l'orifice de la poche fût réellement, comme il me le paroiſſoit, plus ouvert que la veille, j'y introduiſis le doigt, & je ſentis au fond de la poche un petit corps rond, que je jugeai du volume à peu près d'un pois. La mere, qui auparavant ſouffroit aſſez que je miſſe les doigts dans ſa poche, ſe tourmentoit beaucoup, & cherchoit à s'échapper; ce qui m'empêcha de faire un examen ſuffi-ſant pour m'aſſurer ſi ce corps étoit ſphérique, s'il étoit adhérent, & s'il y en avoit pluſieurs; mais il me parut adhérent & placé d'un côté de la poche, & j'en conclus qu'il y en avoit un ſecond de l'autre côté. La ſeizieme nuit, elle ne ſortit de ſa boîte que pour manger, & ren-tra tout de ſuite. Le dix-ſeptieme jour au ſoir, elle ſortit; je viſitai la poche, je ſentis deux corps placés au fond, l'un à côté de l'autre, adhérens au corps de la mere ; leur volume n'excédoit point celui d'un pois, & autant que je pus, au tact, juger de la forme, elle me parut approcher de celle d'une figue, dont la queue ſeroit implantée dans une baſe de la forme d'un ſegment de ſphere, qui offroit des inégalités ſous le doigt. Quoique je n'euſſe ſenti que deux corps, je ne doutai point que

cette

cette poche n'en renfermât un plus grand nombre. Le vingt-cinquieme jour après l'accouplement, conséquemment le douzieme du féjour des petits dans la poche, on commençoit à les fentir remuer fous le doigt, & un mois après la feconde époque, on pouvoit les appercevoir en entr'ouvrant la poche avec le doigt. Quinze jours plus tard, elle reftoit naturellement affez ouverte pour qu'on pût les voir librement ; & au bout de deux mois, la femelle étant couchée, & l'ouverture de la poche étant dans une fituation plus lâche que lorfqu'elle marchoit, les petits fe trouvoient partie dedans, partie dehors, & on pouvoit les compter aifément : ils étoient au nombre de fix, tenant tous à la mere par un canal qui entre dans la gueule du petit, & qu'on ne peut retirer qu'avec effort & avec danger de le faire périr, fi cela arrive dans les premiers tems ; car alors il ne peut plus reprendre le mamelon ; mais lorfqu'il a acquis environ fix femaines, il le peut reprendre, ce qu'il ne parvient à faire que par une forte fuccion, l'ouverture qui fe trouve au bout du mufeau ne pouvant recevoir que le mamelon, qui eft long d'environ deux lignes, & de la groffeur de la feconde ou troifieme corde d'un violon. L'opoffum a cependant la gueule très fendue ; mais tant qu'il doit refter attaché à la mere, la nature a réuni les deux machoires par une membrane, qui fe deffeche & difparoit lorfque le petit a acquis à peu près trois mois, terme où il commence à manger & à marcher ».

Tome II.   **Y**

Le nombre des petits varie beaucoup : j'ai vu des femelles qui en avoient dix ou onze, d'autres qui n'en avoient que cinq ou fix. Il n'y a jamais plus de mamelons que de petits, & lorfqu'ils font fevrés, ces mamelons fe deffechent & fe détachent comme dans les autres animaux, le cordon umbilical fe détache des petits; avec cette différence que ceux-ci confervent la marque de l'endroit où étoit le cordon, & que la femelle de l'opoffum ne conferve aucune trace des points où étoient fes mamelons, qui ne font point, comme dans les autres animaux, placés fur deux lignes paralleles, mais irréguliérement & comme au hafard. Il paroît qu'ils fe forment dans les endroits où les embrions fe trouvent toucher le ventre de la mere lorfqu'elle les a mis dans fa poche, à mefure qu'elle les pond ; car c'eft l'expreffion la plus convenable, des embrions non développés ne pouvant être comparés qu'à des œufs ».

F I N.

TABLE

DES MATIERES

du 1er volume.

Y 2

X j

Fin de la **Table** *du premier Volume.*

TABLE

DES MATIERES

du second volume.

Fin de la Table du second Volume.

FAUTES A CORRIGER

TOME PREMIER.

Page 4, à la note, ligne premiere, régiment de Welch; *lisez* Walsh.

Page 98, ligne premiere, une espace aussi serrée; *lisez*, un espace aussi serré.

Page 218, ligne 21, Pantagone; *lisez*, Pentagone.

Page 384, ligne 8, cœur; *lisez*, chœur.

TOME SECOND.

Page 3, ligne 16, suivis; *lisez*, suivie.

Page 26, ligne 8, er charming; *lisez*, a charming.

Page 32, ligne 14, car quoiqu'il possédàt; *lisez*, en effet, quoiqu'il possédât.

Page 70, ligne 5, ourlei; *lisez*, ourlet.

Page 81, ligne 6, mordu; *lisez*, mordus.

Page 82, ligne 15, une espace; *lisez*, un espace.

Page 95, ligne 5, cession; *lisez*, session.

Page 76, ligne 7, & Amérique; *lisez*, & en Amérique.

Page 97, ligne 14, Identifiée a; *lisez*, identifiée avec

Page 113, ligne 21, des provinces méridionales; avant & pendant la guerre; *lisez*, des provinces méridionales, avant & pendant la guerre : *& mettez deux points après ce mot*, la guerre.

Page 116, ligne 7, j'observai; *lisez*, j'observerai.

Page 215, ligne 18, qui pourroit; *lisez*, qui pouvoit.

Page 227, ligne derniere de la note, & ne la quitta; *lisez*, & ne l'a quittée.

Page 232, ligne 2, dans les voisinages; *lisez*, dans le voisinage.

Page 251, ligne 9, son; *lisez*, sont.

Page 257, ligne 10, précaution; *lisez*, précautions.

Page 291, ligne premiere, il faudroit; *lisez*, il voudroit.

Page 315, ligne 19, par s'ebranler; *lisez*, par s'ébouler.

Page 316, ligne 11, ni; *lisez*, ou.

Fin.

APPROBATION.

J'ai lu, par ordre de Monseigneur le Garde des Sceaux, l'ouvrage intitulé : *Voyages dans l'Amérique septentrionale, par M. le Marquis de Chastellux*, & je n'y ai rien trouvé qui m'ait paru devoir en empêcher l'impression.

A Paris, ce 4 Avril 1786. S u a r d.

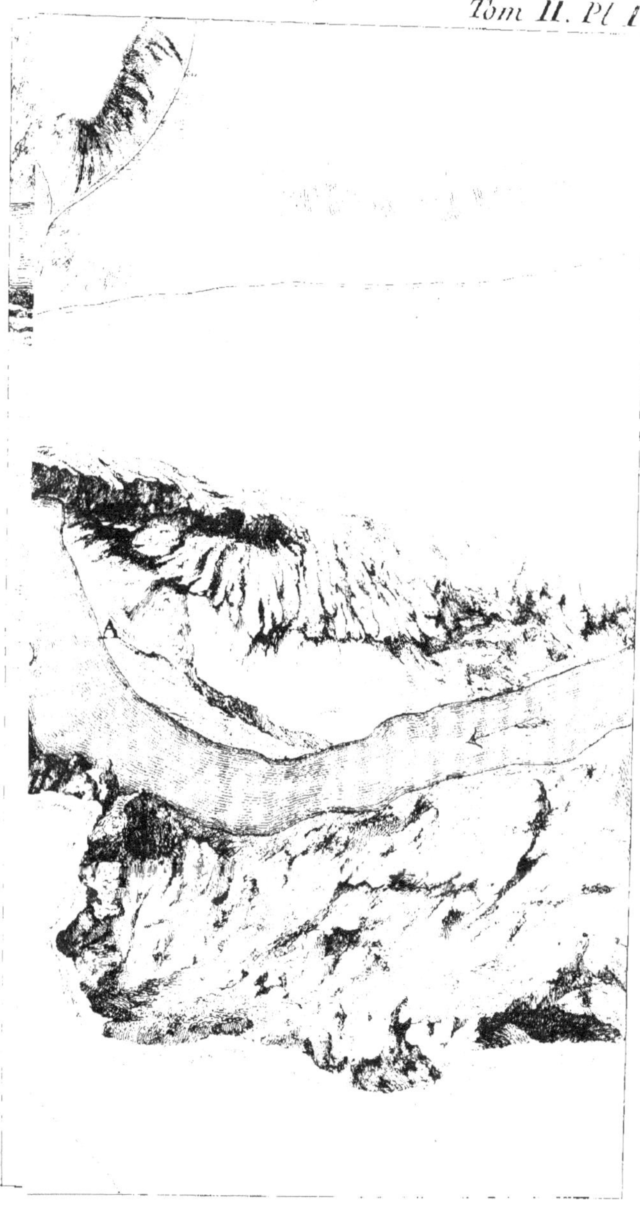

UREL

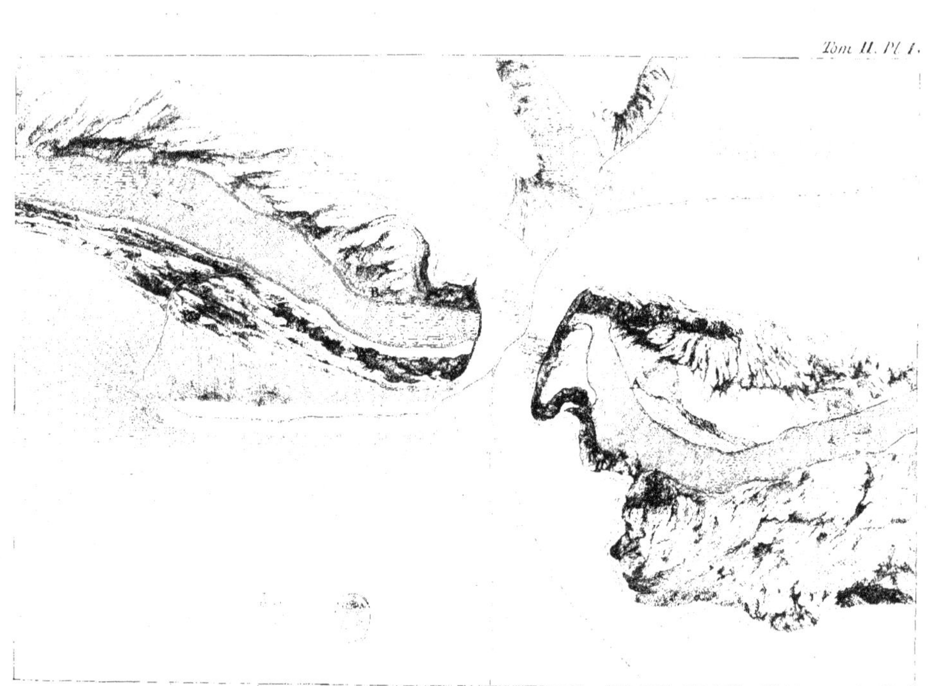

PLAN GÉOMÉTRAL DU PONT NATUREL

Pl.

PERSPECTIVE PRISE DU POINT A.

Coury S.
PER

PERSPECTIVE PRISE DU POINT B.